JOURNAL HISTORIQUE

DES OPÉRATIONS MILITAIRES

DU

SIÈGE DE PESCHIERA

ET DE L'ATTAQUE DES RETRANCHEMENS

DE SERMIONE

Commandés par le Général de Division

CHASSELOUP LAUBAT

Inspecteur Général Commandant en Chef du Génie

À L'ARMÉE D'ITALIE

Accompagné de Cartes et de Plans, et suivi d'une note

SUR LA MAISON DE CAMPAGNE

DE CATULLE

Située à l'extrémité de la presqu'île de SERMIONE

Par le Chef d'Escadron F. HÉNIN, Adjoint,

CHEF DE L'ÉTAT MAJOR des Troupes du Siège de PESCHIERA.

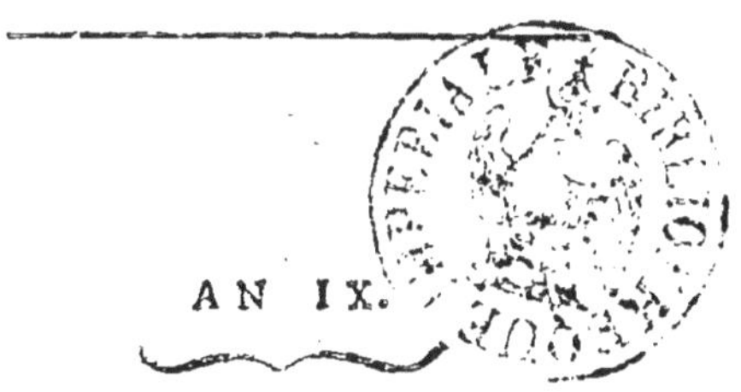

AN IX.

ARMÉE D'ITALIE

JOURNAL HISTORIQUE

DU

SIÈGE DE PESCHIERA

ET DE L'ATTAQUE DES RÉTRANCHEMENS

DE SERMIONE

Pendant le mois de nivôse an IX.

ADRESSÉ AU CHEF DE L'ÉTAT MAJOR GÉNÉRAL

Après avoir forcé la ligne du *Mincio*, (*)
l'Armée Française laissa derrière elle, la
forteresse de *Peschiera*, avantageusement
située sur les bords du lac de *Garda*.

En se retirant, l'ennemi jeta deuxmille
cinqcent hommes dans cette place, et il
établit en même temps un retranchement
de cinqcent hommes dans le bourg de
Sermione, qui par la facilité de ses communications par eau , ne formoit qu'une mê-

______

(*) Les 4 , 5 , et 6 nivôse An 9.

me garnison avec la ville de *Peschiera*, dont il étoit cependant éloigné de 4 à 5 milles.

Sermione est situé dans une presqu'île, qui s'avance vers le milieu du lac, sur une longueur de près de deux milles, et y forme une langue de terre étroite, où la nature semble offrir une défense facile. (*)

Les Autrichiens entretenaient alors une flotille bien équipée, qui dominoit sur le lac, y interceptoit toutes nos communications. M.ʳ de *Blumanstein*, capitaine de marine au service de l'Empereur, la commandoit. Cet officier très-instruit, l'organisa lui même en 1798 (v. s.) par ordre de la cour de Vienne. La plus part des bâtimens qui la composoient, furent contruits à *Riva* situé à l'extrémité du lac, opposé à *Peschiera*; mais toutes les parties principales de ces mêmes bâtimens,

----

(*) C'est vers l'extrémité de cette presqu'île couverte d'oliviers, qu'on trouve encore des ruines antiques et des voutes souterraines, appellées dans le pays, GROTTES DE CATULLE. *Voy. ci-après, le plan et la note sur la maison de Catulle.*

avoient été travaillées et numérotées dans l'arsenal de *Vénise*, puis transportées par eau ainsi que l'artillerie et tous les agrès, jusqu'à *Vicence*, et de là par terre, jusqu'à *Riva*. Cette flotille à l'époque du mois de nivôse An 9, consistoit en 12 à 15 bâtimens armés, et environ 650 hommes d'équipage, savoir :

Une goëlette de 12 canons et 125 hommes.

Deux petites felouques de 5 canons et 35 hommes chacune.

Deux cannonières armées d'un canon de trente six, et 60 hommes chacune.

Deux galiottes de 2 canons et 50 hommes chacune.

Une barque appellée *Obis*, armée d'un obus de 8 pouces et 35 hommes.

Deux barques de deux canons et 40 hommes chacune.

Deux petites barques armées de 20 soldats chacune.

Enfin cinq à six bâtimens de réserve et de transport, de différentes grandeurs.

Ces bâtimens stationnaient à *Peschiera*, *Sermione*, *Torri*, etc. De là ils faisoient des excursions sur les rives du lac et dans les villages d'alentour, où ils se procuraient des vivres, dont ils ravitailloient continuellement la ville de *Peschiera*, et les retranchemens de *Sermione*.

Nos forces navales sur le lac de *Garda*, étoient à cette époque, pour ainsi dire nulles. Nous n'y avions que neuf barques et six canons, dont deux de 8 en fer, et quatre de 3, dépourvus de munitions, avec 60 hommes d'équipage seulement. Ces barques mouilloient à *Salò*, d'où elles n'osaient s'éloigner que rarement, vû l'extrême disproportion de leurs forces.

Le chef de Division SIBILLE, étoit alors à *Salò*. Ses rapports des 1.ᵉʳ, 16, et 17 nivôse, nous annonceaient la faiblesse de ses moyens ; il y disoit n'avoir pas encore reçu l'artillerie qui lui avoit été promise, dès le 4 frimaire précédent ; en ajoutant qu'il lui étoit impossible de seconder par eau, les opérations du siège.

Les barques qu'il commandoit, ne furent cependant pas inutiles, puisqu'elles servirent à transporter à *Riva*, vers le *haut lac*, un convoi de munitions de guerre, destiné pour l'armée des Grisons. Le citoyen *Sibille* dirigea lui-même cette expédition, qui étoit dangereuse, et dans laquelle il perdit une barque dont les Autrichiens s'emparèrent.

Cependant le brave lieutenant général DELMAS, commandant la Lieutenance d'avant-garde, avoit déjà serré de près, la ville de *Peschiera*, dès le 30 du mois de frimaire précédent. En y arrivant avec le général de Brigade *Cassagne*, il avoit enlevé sur les glacis mêmes de cette place, un poste assez considérable, commandé par un officier Autrichien. Ce général ne quitta cette position que pour s'avancer sur *Veronne* avec toute l'armée. La seconde Division de la Lieutenance de réserve, vint le 3 nivôse l'y remplacer. Cette Division commandée par le général *Dabrowsky*, étoit composée de la première légion Polonaise ; de deux escadrons du 21.ᵉ régiment des chasseurs à cheval ; de 171 hommes du 1.ᵉʳ régiment des chasseurs Italiques à cheval, et de la 1.ᵉʳᵉ ¹/₂ brigade provisoire légère, dite d'Orient.

Le 1.ᵉʳ bataillon de la légion Polonaise, avec les chasseurs du 3.ᵉ bataillon de la même légion, prirent poste en travers de la presqu'île de *Sermione*, faisant face aux retranchemens ennemis, appuyant leur gauche au lac. Deux pièces d'artillerie légère étoient placées de manière à battre le chemin et à repousser les approches de la flotille ennemie.

Le reste de cette Division dont le quartier général étoit à *Ponti*, se plaça en avant de cette commune, pour investir *Peschiera*, sur la rive droite.

Il n'y eut aucun événement militaire dans la Division, depuis le 3 jusqu'au 6 nivôse. Les Autrichiens dans cette dernière journée, firent une sortie de la place du côté de la route de *Brescia* et ils y attaquèrent nos avant-postes. Les Po-

9

lonais les repoussèrent avec vigueur, après
avoir tué six hommes et fait vingt prisonniers. Cette attaque paroissoit avoir été
combinée avec le mouvement d'une cha-
loupe cannonière Autrichienne, qui tenta
mais inutilement, de faire le même jour,
une descente entre *Sermione* et *Peschiera*.

Le 7 nivôse, les Divisions *Loison* et
Gazan, faisant partie de la Lieutenance
du centre, étoient placées à *Castelnovo* et
Cavalcacello. Elles y resserrèrent l'ennemi
dans *Peschiera*, par la rive gauche du lac
de *Garda*. Plusieurs compagnies d'ecclai-
reurs de la Division *Gazan*, après avoir
fait rentrer précipitamment dans la place,
les troupes Autrichiennes qu'elles rencon-
trèrent, prirent poste à une très-petite
distance des glacis, pour mieux observer
les mouvemens de l'ennemi.

Dans la même journée, le général *Dabrowsky* du côté de la rive droite du
Mincio, attaquoit les Autrichiens sur tous
les points, dans les positions qu'ils occu-
poient en avant de la ville jusqu'à *Ponti.*

Il parvint à les resserrer autour de *Pe-schiera* dans un terrein d'environ 400 toises de profondeur, où l'ennemi se maintint quelque temps, à la faveur des trois maisons dites, *Casa Campoustri*, *Casa Monteferro*, et *Casabianca*. Ils y logèrent des postes assez considérables protégés par le feu des remparts, et celui des *lunettes* situées près de la ville, vers la route de *Brescia*. Dans le courant de cette journée, la légion Polonaise se battit à différentes reprises, avec beaucoup de courage et toujours contre des forces supérieures. La présence du chef de brigade *Grabinsky* avoit doublé l'énergie des braves qu'il conduisoit au combat ; toujours à leur tête, il les animoit par son exemple. Le brave chef de bataillon *Chtopicky*, et les autres officiers Polonais, le secondèrent parfaitement. L'impétuosité qu'ils mirent à attaquer un ennemi supérieur en nombre, fit disparoître la disproportion de leurs forces ; ils eurent la gloire de sortir avec avantage de ce combat inégal, dans lequel les Autrichiens perdirent 60 hommes, dont 16 restèrent sur le champ de bataille. Le chef de brigade *Grabinsky* fût blessé très-dangereusement d'un coup de feu qu'il reçut à la tête, et nous eûmes 4 hommes tués et quelques blessés.

Le 8 nivôse l'ennemi cherchant à nous harceler de nouveau, fit paroître six bâtimens armés, qui se présentèrent à dix heures du matin, sur la rive droite du lac, entre *Peschiera* et *Sermione*. Ils attaquèrent nos postes par un feu soutenu de leurs batteries flottantes. Nos troupes se présentèrent sur le rivage avec une pièce d'artillerie légère et par leur bonne contenance et quelques coups de canon, elles obligèrent les bâtimens ennemis à gagner le large.

Dans la même journée vers les huit heures du soir, la garnison de *Peschiera* fit une vigoureuse sortie sur la gauche de la Division Dabrowsky dans le dessein de reprendre les anciennes positions qu'elle avoit perdues la veille en avant de la ville. Les

Polonais guidés par leur brave chef de bataillon *Ctopicky* disputèrent le terrein avec opiniâtreté. Ils furent parfaitement secondés, par cinquante hommes du 21.e régiment de chasseurs à cheval, qui se montrèrent bien, malgré le feu très-vif, des batteries de remparts. Après une forte résistance, l'ennemi fût obligé de céder. Il se retira avec précipitation dans ses retranchemens, en nous laissant maîtres du poste de la maison dite *Monteferro*. Nous eûmes six hommes tués et vingt-cinq de blessés. Le capitaine Polonais *Linkewicz*, qui se distingua dans cette action, fût du nombre de ces derniers.

Le 9 nivôse se passa sans attaque. Le général *Dabrowsky* employa cette journée, à placer deux compagnies de la légion Polonaise, sur la rive droite du lac, et à mettre en batterie, deux pièces d'artillerie légère, qu'il fit bracquer vers l'entrée du port de *Peschiera*.

C'est à cette époque, que le général en chef Brune, résolut de faire le siège de

Peschiera. Il fit écrire à ce sujet au général divisionnaire CHASSELOUP, commandant en chef du génie à l'Armée d'Italie, une lettre en datte du 6 nivôse, par laquelle il le chargeoit de deux grandes opérations; le siège de *Mantoue* et celui de *Peschiera.* Après lui avoir donné des témoignages particuliers de la confiance que ses talens militaires lui inspiroient, il lui prescrivoit de commencer par le siège de cette dernière ville, en lui promettant tous les secours dont il pourroit avoir besoin, pour forcer la place. Il étoit d'autant plus nécessaire de les lui procurer, que les Autrichiens avoient mis la forteresse de *Peschiera*, dans le meilleur état de défense, de manière à nous obliger d'en faire le siège dans les règles.

Toutes les troupes, et l'artillerie qu'exigeoit cette opération, n'étoient pas encore arrivées sous *Peschiera*. Ce ne fût qu'au 10 nivôse, que le général CHASSELOUP reçut l'ordre formel de prendre la direction du siège et le commandement supérieur des troupes qui y étoient destinées. L'ordre qui suit, indiquera quelles devoient être ces troupes.

Au quartier général de Villafranca le 10 nivôse an 9.

OUDINOT *général de Division chef de l'Etat major général*
Au général de Division CHASSELOUP *commandant en chef l'Arme du Génie.*

En conséquence de l'ordre du général en chef il est ordonné au général de Division CHASSELOUP, *Commandant en chef du Génie à l'armée, de prendre la direction du siège de* Peschiera, *ainsi que le commandement supérieur des troupes qui en seront chargées, et dont voici l'état.*

La Légion Polonaise.
La Division Italique.
La 1.*ere* 1/2 B.*de* *provisoire, dite d'Orient.*
Le 1.*er* *Régiment des chasseurs Italiques à cheval.*
Un détachement du 21.*e* *Régiment des chasseurs à cheval.*
Un bataillon des volontaires de la réserve.

Le général CHASSELOUP *est prévenu, qu'il aura en outre sous ses ordres, le général* de *Division* Dabrowsky, *commandant en second, toutes les troupes du siège, et le chef d'escadron* F. Hénin, *Adjoint, en qualité de Chef d'Etat major, des dites troupes.*

Signé OUDINOT.

Le chef d'escadron *Hénin*, reçut en même temps l'ordre, qui le nommoit Chef d'Etat Major des troupes du siège : il se rendit en conséquence auprès du général CHASSELOUP, qui étoit parti pour *Cavalca-cello* situé à un mille et demi de *Peschiera*, sur la rive gauche du *Mincio*, où il avoit établi son quartier-général.

A' l'arrivée du général CHASSELOUP, la Division Dabrowsky, dont le quartier-général étoit à *Ponti* se trouvoit encore placée toute entière, du côté de la rive droite du *Mincio*, la rive gauche, avoit été gardée jusqu'alors par la 19.ᵉ ¹/₂ brigade légère provisoire, le 21.ᵉ régiment de chasseurs à cheval, et la 99.ᵉ ¹/₂ brigade de ligne, qui avoit reçu l'ordre de partir dans la nuit du 10, au 11 nivôse, pour se réunir à la Lieutenance du centre dont elle faisoit partie. Cette demi-brigade, devoit retarder son départ de quelques heures, ainsi qu'il lui étoit préscrit par son ordre de mouvement, et attendre que la 1.ere ¹/₂ brigade légère provisoire, qui étoit sur la rive droite, eut passé sur la rive gauche, pour la remplacer : mais cette dernière demi-brigade, ne pouvoit être rendue à son poste que le 11 à la pointe du jour. Le chef de brigade *Petit* qui commandoit la 99.e insistoit continuellement auprès du général CHASSELOUP, commandant en chef les troupes du siège, pour qu'il le laissât partir. Le général au contraire lui fit sentir, combien la présence de sa ¹/₂ brigade étoit nécessaire pour quelques heures encore, jusqu'à l'arrivée de la 19.e Ce chef de brigade demanda alors, un ordre par écrit, qui put mettre sa responsabilité à couvert. Le général CHASSELOUP le lui envoya de suite dans la nuit du 10, au 11. Cependant par une inconséquence qui pouvoit nous devenir très-nuisible, le citoyen *Petit*, fit partir sa ¹/₂ brigade sans en prévenir le GENERAL, et dans le moment même, où il demandoit cette autorisation : elle lui fût remise, mais il n'y eut aucun égard.

La conduite de ce Chef, compromettoit le blocus de la place, sur la rive gauche. Elle se trouvoit alors entièrement dépourvue de troupes, et l'ennemi pouvoit impunément faire une sortie, enlever nos dépôts et détruire toutes nos ressources aux environs.

Une position aussi critique, engagea le général CHASSELOUP, à passer la plus grande partie de la nuit à cheval et à bivouaquer sur le terrein, avec son Etat Major et ses ordonnances. Il se posta de manière, à pouvoir observer les mouvemens de la garnison ennemie, et en cas de nécessité, se ménager une retraite sur *Ponti*, par le pont de bateaux que nous avions jetté sur le *Mincio*, à deux milles environ, audessous de la place.

Les troupes formant alors le blocus sur

la rive droite du *Mincio*, ne s'élevoient qu'à 3050 hommes, dont je joins ici l'état de situation.

ÉTAT de situation des troupes du siège de Peschiera, *à l'époque du* 11 *nivôse* An 9.

	Hommes
Légion Polonaise	2125
1.ere 1/2 brigade provisoire légère, dite d'Orient	417
21.e regiment de chasseurs à cheval. (*détachement.*)	47
1.er régiment de chasseurs Italiques à cheval	171
1.er régiment d'artillerie légère. (*détachement.*)	24
Mineurs. 3.e compagnie	66
Sapeurs de différentes compagnies	130
Pontonniers	45
Train d'artillerie	25
Total, officiers, sous-officiers et soldats compris	3050

Nous recûmes un accroissement de troupes, d'environ mille hommes, qui arrivè-
rent successivement dans le courant du
siège, savoir, la 86.ᵉ ¹/² brigade de ligne,
le 19 nivôse. Un détachement du 5.ᵉ régiment d'artillerie à pied. Une compagnie de cannoniers Polonais, le 29; et environ 300 sapeurs de différentes compagnies, ainsi qu'on le verra dans l'Etat de
situation général, des troupes du siège.

La Division Italique, et le bataillon des
volontaires de la réserve, qui avoient été
annoncés dans l'Ordre du 10 nivôse (*),
ne parurent point au siège. Ces corps re-
çurent vraisemblablement une autre de-
stination.

Nous n'avions donc que 4083 com-
battans, y compris les Polonais qui se
portèrent dans la presqu'île de *Sermion*
pour y contenir les retranchemens Autrichiens. Le reste fut employé à resserrer

____

(*) Voy. pag. 14.

le blocus de *Peschiera* et à fournir des hommes aux travaux du siège. Cette troupe se trouvoit placée dans un circuit assez étendu, divisé par le *Mincio*, que ses eaux profondes, ne permettoient pas de passer au gué. (*) Nous ne pouvions communiquer d'une rive à l'autre, que par un pont de batteaux, établi à plus de deux milles au dessous de la ville. Des marécages et le feu des remparts, rendoient ce détour nécessaire, pour trouver un chemin praticable.

Cette position étoit dangereuse. Nous avions à nous mesurer contre une garnison d'environ 3000 hommes, soutenus de plus de 600 marins armés qui formaient l'équipage d'une flotille hérissée de canons. Notre corps de troupe, devoit être considéré comme trop faible, pour résister aux sorties d'un ennemi re-

---

(*) Voy. la note sur la rivière du *Mincio*, vers la fin de l'ouvrage.

tranché dans une forteresse. Il pouvoit se présenter à l'improviste et diriger à son gré toutes ses forces, vers un seul point. En nous attaquant avec plus de hardiesse, il auroit infaillement détruit nos travaux et battu nos troupes jusques dans leurs cantonemens; mais heureusement, les Autrichiens se bornèrent à nous harceler, sans oser se compromettre. La vivacité avec laquelle nous les reçûmes dès les premières sorties, leur en imposa. Ils sembloient redouter l'ascendant de nos soldats, qui déjà familiarisés avec la victoire, et souvent dans des combats inégaux, brûloient de se mesurer avec un ennemi, dont il pressentoient la défaite.

D'après les dispositions du général Chasseloup, le Chef de son Etat Major, expédia les ordres nécessaires, pour l'emplacement des troupes. La 1.ere 1/2 brigade légère provisoire, forte de 417 hommes, passa le 11 nivôse de très-grand matin sur la rive gauche du *Mincio*, avec le 3.e bataillon de Polonais, fort de 600 hommes et le détachement de 47 hommes du 21.e régiment de chasseurs à cheval.

La 1.ere 1/2 brigade légère provisoire, prit position depuis les bords du *Mincio* et le plus près possible de la place, jusqu'à la *Casa Maffei*, resserrant ses postes vers le lac, et se plaçant à cheval sur la route de *Cavalcacello* à *Peschiera* et sur le chemin de cette dernière ville, à *Lacize*.

Le 3.e bataillon de la légion Polonaise avoit ses différens postes, depuis le moulin sur le *Mincio* jusqu'à *Val-paradiso* et au-dessous de *Montepiano*.

Le détachement du 21.e régiment de chasseurs à cheval, se cantonna à *Paradiso*.

De cette manière, l'ennemi sur la rive gauche du *Mincio*, se trouvoit entièrement resserré dans la place, tandis que du côté de la rive droite, il s'étoit maintenu autour des murs de la ville, dans un terrein d'environ 400 toises de profondeur et y avoit logé des postes, protégés par les feux des remparts et des *lunettes*, ainsi que je l'ai déjà dit.

Le général CHASSELOUP, avoit transféré le 11 nivôse, son quartier général à *Paradiso*. Il le placea définitivement le 12 à *Montepiano*, à un mille de *Peschiera*. C'est dans ce moment qu'il ordonna l'établissement d'une *traille* ou pont volant, sur le *Mincio*, au dessous de *Paradiso*, afin de faciliter et d'abréger nos communications avec la rive droite ; mais vû la difficulté du terrein, ce pont ne pouvoit fournir, qu'un sentier peu propre pour des mouvemens militaires.

La nécessité de pourvoir aux besoins des troupes du siège, fut un des objets qui excita le plus, la sollicitude du général CHASSELOUP. Il étoit d'autant plus urgent d'y porter une attention particulière, que le manque de subsistances et surtout de fourrages, obligeoit en quelque sorte le soldat à s'en procurer par lui-même chez les habitans de la campagne, où il étoit exposé à la tentation du pillage.

Pour arrêter le désordre naissant, le

général CHASSELOUP chargea le Chef de l'Etat Major, d'adresser le 12 nivôse à tous les corps formant le siège, un Ordre du jour, dans lequel il rappelloit aux officiers et aux soldats, les principes de la discipline militaire et menaceoit de la rigueur des loix, quiconque s'en écarteroit: il prit en outre différentes mesures administratives pour ménager nos ressources, et régulariser les réquisitions de vivres et de fourrages que nous fûmes obligés de faire faire dans le pays, par des agens provisoires. Les Commissaires des guerres destinés pour le service du siège de *Peschiera*, n'avoient pas encore paru. Ils étoient restés sur les derrières de l'armée et le service n'étoit pas organisé dans nos cantonnemens. Nous y étions pour ainsi dire abandonnés à nous mêmes, puisqu'il ne nous arrivoit point, ou presque point de vivres, de la part des fournisseurs.

Le même jour 12 nivôse et le lendemain 13, le général CHASSELOUP, fit faire des patrouilles à pied et à cheval, afin d'observer soigneusement les mouvemens de la garnison et de la flotille ennemie, et de s'opposer aux sorties et aux débarquemens qu'elles pourroient faire.

Le 14, le GENERAL, ordonna une reconnaissance sur la rive gauche du lac, jusqu'à *Garda*. Le capitaine du génie, *Huart*, fut chargé de cette expédition ; il avoit à ses ordres, 40 hommes de la 1.ere 1/2 brigade légère provisoire et 30 chasseurs à cheval, du 21.e régiment. Le citoyen *Huart*, déploya dans sa mission, toute l'activité et les moyens d'un officier distingué. Il parvint par ses bonnes dispositions, à contenir la flotille ennemie, à l'empêcher de faire des réquisitions, et enfin, à l'éloigner jusques dans le *haut lac*.

Le général *Dabrowsky*, de son côté, observoit la même surveillance sur la rive droite du *Mincio*, et du lac, et sur les retranchemens Autrichiens, dans la presqu'île de *Sermione*.

Le 11 nivôse, ce général, ayant été

instruit du mouvement que les ennemis faisaient hors de leur ligne à *Sermione*, ordonna au 1.er bataillon de la légion Polonaise, d'aller à leur rencontre. Les Autrichiens ne tardèrent pas à être repous-
sés jusques, dans leurs retranchémens.
La déroute fut complette. Ils perdirent
28 hommes, dont cinq restèrent sur
la place. Le même jour sur les dix
heures du soir, on apperçut sur le lac,
six barques qui se présentoient vers
l'entrée du port, pour ravitailler la ville;
le capitaine *Marchand*, commandant l'artillerie de la Division, les obligea bientôt à s'éloigner, en pointant sur elles un
canon de 6.

Cependant je dirai en cette occasion,
qu'il n'est possible de bloquer véritable-
ment le port de *Peschiera*, que par eau et
avec des forces navales. Les assiégeans
ne pourroient empêcher totalement les
barques ennemies d'entrer dans la ville,
surtout lorsqu'elles s'y présenteraient par
une nuit obscure et avec un vent favo-

rable, qui peut les y porter sans bruit.
D'ailleurs il existe toujours un courant,
quoique faible, qui dirige continuellement les eaux du lac dans le *Mincio*, en
traversant le port. Dans cette circonstance,
les batteries de terre ne pourroient produire qu'un bien foible effet.

Le lendemain 12, l'ennemi parut vou-
loir prendre sa revanche dans la presqu'île
de *Sermione*. Il s'y montra vers les 6 heures du soir, soutenu de plusieurs barques
remplies d'infanterie, pour renforcer la garnison de *Sermione*. Tout annonceoit un
projet d'attaque, d'autant plus à craindre, que notre corps de troupes, sur la
rive droite du *Mincio*, se trouvoit dimi-
nué du 3.e bataillon des Polonais, qui
étoit passé du côté de la rive gauche.
L'ennemi sans doute en étoit informé;
mais le général *Dabrowsky*, par son activité et la précision de ses mesures, dé-
joua ce projet. Il sçut employer si à pro-
pos le peu d'artillerie légère qui étoit à
sa disposition, qu'après quelques déchar-

ges, les bàtimens armés prirent le large et la garnison de *Sermione* fut repoussée jusques dans ses retranchemens. Nos troupes se rangèrent ensuite en bataille sur le rivage, et la flotille Autrichienne croyant apparemment se venger, fit jouer sur elles, pendant plus de trois quart d'heures, un feu soutenu de leurs batteries.

Les 13 14 et 15 nivôse, l'ennemi continua à nous harceler du côté de la rive droite; mais la vigilance du général *Dabrovsky*, rendoit toujours vaines, les tentatives des Autrichiens. Dans ces trois dernières rencontres, nous leur fîmes une quarantaine de prisonniers et ils perdirent 15 à 20 hommes qui restèrent sur la place, sans compter ceux qui furent blessés.

Le 16, la garnison de *Peschiera* fit à deux heures du matin, une nouvelle sortie par la porte de *Brescia*. Elle paroissoit avoir le dessein de surprendre nos deux postes, l'un aux Capucins et l'autre sur la grande route. L'attaque étoit dirigée sur deux colonnes; mais après avoir chargé l'ennemi avec impétuosité, nos troupes le repoussèrent vivement jusques sur les glacis de la ville, après lui avoir tué cinq hommes et fait onze prisonniers.

Dans le courant de cette journée, on observa plusieurs débarquemens à *Sermione*. Ils provenaients de l'évacuation de différents postes ennemis, sur les bords du lac, d'où les Autrichiens s'étoient sauvés à l'approche de la Division Rochambeau, lorsqu'elle passa à *Riva*. Ces évacuations, augmentoient d'autant, la garnison ennemie à *Sermione*. En effet, le lendemain 17 à deux heures du matin, elle fit une sortie nombreuse. La flotille Autrichienne soutenoit cette attaque par une forte canonade, qui labouroit de droite et de gauche, l'emplacement de nos postes, dans la presqu'île. Nos troupes firent bonne contenance. Les premiers coups se tirèrent à demie portée. Il y eût opiniâtreté de part et d'autre ; mais enfin la valeur de nos soldats l'emporta sur le nombre. Les ennemis furent mis en déróute et obligés de se retirer en désordre, laissant sur le champ de bataille quelques tués et quelques blessés. De notre côté nous eûmes deux tués et cinq blessés. Du nombre de ces derniers, se trouvoit le capitaine Polonais, *Jurkowsky*.

La garnison de *Sermione* renouvella dans cette journée, du 16 nivôse, à trois heures de l'après midi, l'attaque de nos retranchemens ; mais sans aucun succès. Nous les fîmes se repentir de leur obstination, en les repoussant si vigoureusement, que nous leur reprîmes dans cette partie, toutes nos premières positions, après leur avoir tués quelques soldats.

Le 18 suivant, les batteries des remparts de la ville, commencèrent à tirer à toute volée, dès les quatre heures du matin, contre nos postes avancés, situés sur la route de *Brescia* et aux Capucins. Les motifs de cette conduite ne nous furent pas bien connus. L'ennemi s'étoit laissé tromper sans doute par quelques fausses apparences. Il avoit déjà témoigné beaucoup d'inquiétudes dans la nuit précédente, par une quantité de boulets, de bombes et d'obus, qu'ils lancèrent dans l'obscurité : ils jetèrent aussi plusieurs *pôts à feu*, pour servir leur défiance, en écclairant les alentours de la place.

Tandis que ces différentes actions se succédoient sans interruption et que nos soldats en sortoient toujours victorieux, le général CHASSELOUP, s'occupoit sans relâche de tous les préparatifs du siège. Son plan d'attaque étoit arrêté. Il av it assigné à chaque corps, la place qu'il devoit occuper. Le renfort des Sapeurs qu'il attendoit, étoit arrivé ; ainsi que la 86.e ¹⁄₂ brigade de bataille, forte de 525 hommes, qui se rendit le 19, sous *Peschiera*. Cette demi-brigade prit position sur la rive gauche du *Mincio*, entre le 3e bataillon des Polonais, et la 1.ere ¹⁄₂ brigade légère provisoire. Après avoir reconnu lui même le terrein, le GENERAL prit la résolution d'établir la petite attaque ou attaque de gauche, du côté de la rive droite

du *Mincio*; et la grande attaque ou attaque de droite, du côté opposé.

Je laisse aux officiers du Génie, le soin
de démontrer l'avantage de cette disposition, mais il sera facile, ce me semble, à quiconque visitera l'emplacement
des derniers travaux du siège, d'en juger par lui-même, puisque le tracé de
la première paralelle n'a été ouvert qu'à
150 toises de la place et à portée de battre en brèche.

Je dirai en passant, que *Peschiera* dont
les fortifications sont très-bonnes et les
murailles partout entourées d'eaux cour-
rantes, seroit encore plus respectable,
s'il n'y avoit point de commandement qui
avoisinat cette place. Les plateaux et les
monticules qui l'environnent par emphithéâtre, en favorisant les approches de
la ville, indiquent la nécessité d'établir
au déhors, des ouvrages fortifiés et principalement vers la maison *La Mondellà*,
située près de la grande route, entre la
ville et *Cavalcacello.*

Les 16, 17 et 18 nivôse, le général CHASSELOUP, parcourut lui-même, en plein jour et non sans danger, toute la ligne qui pouvoit lui offrir des points d'attaque. Entièrement occupé de son objet, il s'approchat quelquefois, à 150 et même 100 toises, des remparts de la ville et bravoit le feu des batteries qui plus d'une fois fût dirigé sur lui. Les officiers du Génie s'empressoient toujours de l'acccompagner. Egalement exposés, ils montroient la même ardeur et le même courage. Il étoit alors dangereux de se réunir deux ou trois à la vue de la place. On étoit aussitôt salué par plusieurs coups de fusil de rempart, accompagnés d'un coup de canon, qui partoit dans le même instant.

Les Sapeurs travailloient aussi dans les différens dépôts qui leurs étoient assignés. Le général CHASSELOUP s'y portoit en personne et y communiquoit son activité. On ne voyoit de toute part, que gabions, fascines, saucissons, etc.

Les officiers du Génie qui assistèrent à ce siège, furent partagés en deux brigades; savoir la brigade de grande attaque, et la brigade de petite attaque, ou fausse attaque.

La grande attaque étoit commandée par le citoyen *Dabadie*; et la petite attaque, par le citoyen *Breüalle*, tous deux chefs de bataillon du Génie et d'un mérite distingué.

L'État nominatif des officiers du génié, que j'ai placé dans l'État de situation général, fera connoître les noms de ceux qui assistèrent au siège de *Peschiera* et qui tous se montrèrent dignes de la gloire, que le corps du Génie s'est toujours acquise dans les sièges.

D'autres officiers du génie en passant à *Montepiano*, se trouvèrent à quelques unes des journées du siège de *Peschiera*. Savoir:

MAUBERT . . . . chef de brigade.

MORIO . . . . chef de bataillon.

MICHEL . . . . *idem.*

LAPISSE . . . . capitaine.

BIERS . . . . *idem.*

Le service du siège étoit réglé entre
les officiers des deux attaques. Ils con-
tribuoient tous à en activer les préparatifs,
et dès le 19 nivôse, ils commencèrent à
marquer le tracé des premières parallèles
avec des piquets, sur le terrein même
où la tranchée devoit être ouverte. Cette
dernière opération qui est dangereuse, se
fait ordinairement de nuit, elle exige de
la précision et du courage; les officiers
du Génie s'en acquitèrent en braves, qui
réunissent le talent aux vertus militaires,
et ils firent ensuite le service de tranchée
plus périlleux encore.

Toutes les dispositions qui pouvoient
dépendre de l'arme du Génie, étoient faites. Il ne nous manquoit que de l'artillerie. Nous l'attendions avec impatience.
Le parc destiné pour *Peschiera*, étoit réuni
en entier à *Cassano* sur l'*Adda* : mais la
pénurie de chevaux d'artillerie étoit telle,
qu'on n'avoit pu affecter à ce service,
un seul attelage, puisqu'une partie de l'é-
quipage de campagne de la ligne, n'étoit

pas attellé, ou l'étoit avec des chevaux de réquisition. Il fallut recourir au même moyen pour transporter l'équipage de siège de *Peschiera*; ce qui, devenoit d'autant plus difficile, qu'à la même époque, les différens services de l'armée, entrainoient tous les moyens de transport, dont ils s'étoient emparés dans le pays. Ils les conservoient encore près d'eux, de manière qu'on pouvoit à peine trouver un seul cheval ou un seul bœuf de trait, dans les communes où l'armée avoit passée. Il falloit donc en faire venir de distances plus éloignées, inspirer de la confiance aux habitans effrayés, assurer les vivres et les fourrages aux différens convois, rétablir des chemins rompus, en former d'autres, pour y faire passer de la grosse artillerie; et tout celà, dans l'espace de huit jours.

Le général LA-COMBE S. MICHEL, commandant l'artillerie de siège de l'armée d'Italie, remplit cette tâche. Il montra que son zèle ne connoissoit pas de bornes, toutes les fois qu'il s'agissoit d'un service pressé. Nuit et jour sur pied, il se transportoit rapidement partout, où sa présence pouvoit lever les obstacles qui retardoient les convois d'artillerie. Le 13 nivôse, il arriva au quartier général du siège et fit lui-même la reconnoissance du blocus sur les deux rives du *Mincio*. Il se rendit ensuite au quartier général, près du général de division *Marmont*, commandant en chef l'artillerie de l'armée. Le 15, il étoit de retour sous *Peschiera*. Il y prit les ordres du général Chasseloup, qui lui communiqua son plan d'attaque.

Comme il n'y avoit qu'un très-petit nombre de canoniers destinés pour le siège et qu'il étoit nécessaire de les distribuer également dans les différens convois, tant pour la conservation des munitions, que pour empêcher la désertion des chevaux de réquisition, il fût convenu entre le général Chasseloup et le général La-Combe s. Michel, que tous les préparatifs, pour la construction **et** l'approvisionnement des batteries, se com-menceroient avant l'arrivée du personel de l'artillerie. Le chef de brigade *Taviel*, commandant en second l'artillerie de siège à l'armée, reçut en conséquence l'ordre de se rendre à *Paradiso*, pour activer ces préparatifs. Il avoit sous ses ordres le lieutenant d'artillerie *Pion*.

Le 22 nivôse, veille de l'ouverture de la tranchée de la petite attaque, la 1.ere division d'artillerie de siège, arriva à *Paradiso*. Le général de LA-COMBE S. MICHEL, s'y rendit aussi le même jour et ne quitta plus la direction des batteries, jusqu'a la fin du siège. Les autres convois d'artillerie éprouvoient toujours des retards. La mauvaise saison, des chemins rompus, le manque de fourrages, la pénurie des attelages; étoient les obstacles qui s'opposoient à leur arrivée. Un autre inconvénient alloit différer la construction des batteries de la rive droite. Les officiers d'artillerie qui devoient en être chargés, éprouvoient des retards dans leur marche. Il ne pouvoient arriver qu'avec leurs pièces et à l'époque fixée pour mettre les canons en batterie et commencer l'attaque générale. Le chef de brigade d'artillerie *Taviel*, dont le zèle et l'activité, sont au-dessus de tout éloge, suppléa de suite aux officiers absens, en se chargeant lui-même de cette opération Cet officier supérieur, se distingua particulièrement dans le courant de ce siège, par ses talens militaires et sa bravoure. Tantôt chef d'État Major d'artillerie et tantôt comme un simple officier, il traçoit les batteries sous le feu de l'ennemi. Il étoit secondé par le capitaine d'artillerie *Pellegrin*, officier distingué. Le général LA-COMBE S. MICHEL se chargea lui-même de la direction de la grande attaque, sur la rive gauche du *Mincio*. Il poussa tous les travaux de son arme, avec une telle activité, que le 28, la pluspart des batteries étoient approvisionnées en projectiles, les plattes formes établies, les chemins reconnus et les ordres donnés, pour que dans la nuit suivante, toutes les pièces fussent conduites à leurs batteries, afin de commencer le feu, le 29 au matin.

L'activité et la bravoure que tous les officiers d'artillerie montrèrent dans le courant de ce siège, m'engage à les nommer ici.

Le capitaine *Devaux*, commandoit la batterie de la rive droite. Le capitaine *Lambert*, commandoit les batteries d'obuziers. Le capitaine *Pauly*, commandoit la grande batterie de brêche. Il y fut blessé d'un coup de biscayen à la cuisse et fut remplacé par le lieutenant *Pion*, officier d'un vrai mérite. La batterie de l'extrêmité droite de la tranchée attenante au chemin de *Vérone*, fut confiée au capitaine *Roger*. La batterie établie sur la rive gauche du lac, étant destinée à bloquer la place par eau et à tirer sur des objets flottants, le commandement en fut donné à l'aide de camp, *Eugène La-Combe saint Michel* fils,

officier de marine, qui malgré sa jeunes-
se, annonce par son zèle et ses talens,
qu'il suivra les traces de son père. Le
capitaine *Marchand*, commandoit l'artillerie de la division Dabrowsky. Les
Pontonniers de la 8.ᵉ compagnie du 1.ᵉʳ
bataillon et le lieutenant *Helek* qui les
commandoit, se distinguèrent egalement
par leur activité et leur intelligence. Ils
mirent beaucoup de célérité, à faire passer l'artillerie de siège, par le pont de
batteaux qu'ils avoient jeté sur le *Mincio.*
Une pièce de gros calibre, en traversant la
rivière le 27 nivôse, se renverse sur le bord
du pont, une des barques qui le soutenoit, alloit couler à fond, les pontonniers
au même moment doublent leurs efforts,
prodiguent leurs fatigues et parviennent
à réparer en peu de temps, un accident
qui pouvoit nous être funeste. On doit
aussi des éloges au zèle et aux talens du
Chef de bataillon *Melliny*, aide de camp
du général La-Combe-s. Michel. Cet officier fut chargé de la réparation de plus

de douze mille toises de chemin. L'activité qu'il mit dans cette opération et la confiance qu'il obtint de plusieurs communes, produisirent le résultat le plus heureux. Des chemins impraticables, virent en peu de jours, passer sans obstacles et sans accidents, des pièces d'artillerie d'un poids énorme.

L'état de situation de notre artillerie de siège, à l'epoque du 28 nivôse, nous présentoit un résultat de trente bouches à feu de différens calibres et près de 400 hommes d'artillerie (*).

Chaque pièce étoit approvisionnée de 400 coups, parmi lesquels il y avoit un grand nombre de boulets creux, dont on se promettoit le meilleur effet.

Avant de décrire les travaux du Génie, lors de l'ouverture des tranchées, je crois devoir rendre compte des démarches du général CHASSELOUP auprès du Comman-

---

(*) Voy. l'Etat de situation général.

dant de la flottille Autrichienne et du Commandant des retranchemens ennemis à *Sermione*, pour les engager l'un et l'autre, à se rendre par capitulation.

Le GENERAL agissoit dans cette circonstance, d'après une lettre de l'Etat Major général de l'Armée, auquel des rapports avoient annoncé, *que la flotille Autrichienne erroit sur le Lac, sans pouvoir se réfugier, et que le commandant de cette flotille, offroit de capituler.*

En conséquence des ordres qu'il en reçut le 16 nivôse, le général CHASSELOUP se transporta le 18, aux avant-postes de *Sermione*, dans le dessein de sommer en même temps et le Commandant des retranchemens ennemis, dans la presqu'île et celui de la flotille, qu'il croyoit y trouver.

Le capitaine du génie *Victor Martin*, (*)

(*) *Victor Martin*, officier distingué, très-instruit et frère du général de brigade du Génie, *Campredon*.

faisant fonction d'aide de camp du général Chasseloup, fut envoyé en parlementaire, vers le commandant de *Sermione*,
auquel il remit une lettre de la part du
général. (1)

Monsieur le lieutenant colonel *Schnech*,
qui commandoit à *Sermione*, répondit, (2)
que devant rendre compte de sa conduite au
général Rogolsky, commandant à *Peschiera*,
il alloit lui faire part de tout ce qui se
passoit, par un exprès, au retour duquel
il répondroit définitivement. En effet,
il envoya quelque temps après, une seconde lettre, (3) dans laquelle il marquoit ne
pouvoir accepter la capitulation qui lui
étoit proposée, telle honorable qu'elle
pût être.

. Quant au Commandant de la flotille,
il ne se trouvoit point à *Sermione* ;
mais il étoit alors à *Torri*, sur la rive

---

(1) Voy. le recueil des pièces.
(2) Voy. . . . . Idem.
(3) Voy. . . . . Idem.

gauche du lac . Le chef d'escadron *F. Hénin* chef de l'Etat Major des troupes du siège, qui étoit présent, reçut ordre du général CHASSELOUP, de s'y transporter sur le champ en parlementaire et de sommer M.ʳ le chevalier de *Blumanstein* capitaine de marine, de rendre par capitulation, la flotille dont il avoit le commandement.

Le chef d'escadron *F. Hénin*, se rendit de suite à *Torri*, auprès de M.ʳ de *Blumanstein*, auquel il exposa le motif de sa mission et lui remit une lettre de la part du général CHASSELOUP. Le commandant de la flotille y répondit (*) que le chef de division *Sibille*, lui avoit fait la même proposition trois jours auparavant ; mais que dans tous les cas, il ne devoit pas capituler, tant que *Peschiera* et *Sermione*, seroient au pouvoir des troupes de l'Empereur.

(*) Voy. le recueil des pièces.

Ces démarches ne produisirent aucun effet, mais on ne risquoit rien de les tenter. Il ne restoit plus qu'à pousser les travaux du siège avec activité; le général CHASSELOUP y étoit résolu et il n'attendoit pour les terminer, que l'arrivée des pièces de gros calibre, qui lui étoient promises.

La 1.ere division d'artillerie étoit déjà sous *Peschiera*. Une partie de la 2.de arriva le 20 nivôse. On n'en reçut le reste, que le 24 suivant, et la 3.e devoit suivre de près.

Dans la matinée du 21 nivôse, des bâtimens de guerre, parmi lesquels on reconnu les deux barques canonnières, armées chacune d'un canon de 36, parurent sur le Lac, entre *Sermione* et *Rivoltella*. Nos troupes se montrèrent aussitôt et se rangèrent en bataille sur le rivage. Elles y essuyèrent quelques bordées des batteries flottantes, mais la bonne contenance de nos soldats, obligea les bâtimens Autrichiens à se retirer.

On s'occupa dans le même jour, à établir une batterie de deux pièces de 3, sur la rive droite du lac, braquées vers le port, pour en empêcher l'entrée et la sortie, aux bâtimens ennemis qui voudroient s'y présenter.

Cette journée devoit être complettement remplie par des travaux et des événemens militaires. La tranchée de petite attaque qui alloit s'ouvrir le 22 suivant, exigea des préparatifs assez considérables qui s'exécutèrent le 21. Dans cette même journée, le général CHASSELOUP, avoit ordonné que l'ennemi seroit délogé du poste de la maison dite *Campoustri*, dans laquelle il s'étoit toujours maintenu sur la rive droite du *Mincio*. La présence des Autrichiens dans ce poste, y nuisoit essentiellement aux travaux de la petite attaque. Il s'en trouvoit trop raproché et comme témoin, tandis que la tranchée ne devoit s'y ouvrir que de nuit et dans le plus grand silence. Quant aux quatre *lunettes*, qui se trouvoient occupées par l'ennemi, elles étoient placées dans une partie plus éloignée vers la route de *Brescia*. Elles ne pouvoient pas beaucoup nuire à nos travaux sur la rive droite, et encore moins à ceux de la rive gauche du *Mincio*. En conséquence il fut arrêté, de ne rien tenter sur elles.

Le moment d'enlever le poste ennemi dans la maison *Campoustri*, étoit arrivé. L'attaque s'en fit à quatre heures de l'après midy du 21 nivôse. Le général de Division *Dabrovsky*, en avoit fait toutes les dispositions. Il voulut diriger en personne, cette expédition périlleuse. Encourageant ses soldats, il leur montrait l'exemple et s'exposait lui-même au feu continuel de l'artillerie. Ce général donna en cette occasion, de nouvelles preuves de la valeur avec laquelle, il s'est toujours distingué à l'Armée d'Italie. Le capitaine *Marchand*, commandant l'artillerie de la Division Dabrowsky, avoit braqué sur la maison, un canon et un obusier de 6. Mais comme ce poste étoit protégé par les batteries de la ville et celles des *lunettes* , l'ennemi ne tarda pas à répondre à nos deux pièces, avec un feu roulant, de ses batteries de rempart. Les bombes, les obuses et les boulets, pleuvoient de toute part, et plusieurs dépassèrent de beaucoup, le lieu de l'attaque. 130 Polonais ayant à leur tête 10 Sapeurs Français de la 8.ᵉ compagnie du 2.ᵉ bataillon, commandés par le sergent *Rottanger* , se présentèrent avec intrépidité pour enlever le poste. Ils s'avancèrent au pas de charge sous le feu de la place , et dirigèrent leur marche vers la maison. Arrivés à peine à la portée du fusil , nos braves furent accueillis par une fusillade des mieux nourrie. Ils l'essuyèrent sans y répondre. Cependant l'ennemi retranché dans la maison, ne cessoit de tirer sur eux, par les fénêtres et par des trous qu'ils s'étoient pratiqués dans le mur. Les Polonais rivalisoient d'audace , avec les Sapeurs Français. Tous sans balancer prirent le pas de course. Par un mouvement spontané, ils se divisèrent en deux colonnes et s'elançeant avec la rapidité de l'éclair, ils fondirent de deux côtés, sur la maison, dont bientôt ils enfoncèrent les portes à coup de hache. De pareils soldats sont autant de héros. Il faudroit tous, les faire connoître ; mais je désignerai plus particulièrement le nommé *Brouillard*, sapeur de la dite 8.ᵉ compagnie du 2.ᵉ bataillon. Parmi les braves, il mérite encore d'être distingué. C'est lui qui constamment à la tête de ce détachement, arrive le premier contre la porte principale, la force avec une pique de fer, entre dans la maison la bayonette en avant, tue et renverse tout ce qui s'oppose à son passage. Ses camarades le suivent, et le poste est enlevé de vive force. L'ennemi fit une résistance opiniâtre jusqu'au dernier moment. 22 périrent les armes à la main et 45 furent faits prisonniers. D'autres s'échappèrent par différentes issues, à la faveur de l'obscurité.

La garnison de *Peschiera*, faisoit en même temps une sortie de la place avec un détachement de 200 hommes, sans doute pour secourir le poste de *Campoustri*; mais en un instant, ils furent mis en fuite et obligés de regagner avec vîtesse leurs retranchemens, en laissant à nos soldats animés, le regret de ne pouvoir les joindre.

On sera peut-être surpris d'apprendre que cette expédition ne nous coûta que quelques hommes, trois seulement furent tués et autant de blessés. Mais c'est le privilège de l'intrépidité. Souvent-elle épargne le nombre des victimes dévouées aux hazards des combats. Parmi les exemples de ce genre, que les étonnantes campagnes de BONAPARTE, nous offrent en Italie, je me plais à nommer ici, le terrible passage du *Pont de Lodi.* (*) Il rappelle le souvenir d'un fait mémorable,

(*) Le 21 floréal An 4.

qui doit à jamais étonner la postérité. Il prouve, qu'un GENERAL intrépide, en affrontant lui-même les dangers, sçut électriser les hommes qu'il commandoit, en fit autant de héros qui se dévouaient à la mort, et cependant ménagea leur sang, en paraissant le prodiguer.

La tranchée de petite attaque, alloit enfin s'ouvrir sur la rive droite du *Mincio.* Le 22 nivôse étoit le jour désigné pour cette opération. D'après les ordres qui en furent expédiés dès la veille, 50 canonniers tant Français que Polonais, se disposèrent à établir la batterie. 200 Sapeurs et 150 Polonais étoient destinés pour les travaux de la tranchée. 200 Polonais postés en avant, couvroient les travailleurs. 100 hommes de la 86.^{e} $^1/_2$ brigade de ligne et 400 Polonais avec deux pièces de 3, formaient la réserve. 100 chasseurs à cheval du 1.er régiment Italique, étoient placés à la queue de la tranchée.

A 6 heures de l'après midy, toutes les troupes étoient à leur poste. Le Chef de l'Etat

Major, en rectifia lui-même les positions et l'ouverture de la tranchée se fit en silence, à huit heures du soir.

Le général Chasseloup, accompagné des officiers de la petite attaque, étoit à la même heure sur le terrein et fit exécuter en sa présence, le projet de tranchée arrêté. Etablie à 300 toises environ de la place, cette tranchée occupoit la crête d'un rideau, sur lequel on distinguoit une maison appellée *Monteferro*, ayant sa droite protègée par le poste de la maison dite *Campoustri*, dont nous nous étions emparé la veille. Sa gauche étoit appuyée à un fossé large et profond. Son développement étoit d'environ 350 toises, y compris diverses communications directes et en zigzag, suivant sa position, eu égard aux feux de la place. En avant de cette paralelle et sur la gauche de la maison *Monteferro*, on établit une batterie de six pièces de 12 et de deux obusiers, destinés à battre, soit de revers, soit d'enfilade, soit de plein fouet, les feux du front d'attaque. On négligea absolument, ainsi que je l'ai déjà dit, les quatre *lunettes* situées vers la route de *Brescia*, comme étant peu à craindre dans cette circonstance.

Ces travaux furent poursuivis pendant toute la nuit, avec une telle activité, que le lendemain, la tranchée avoit assez de largeur et de profondeur, pour couvrir suffisamment les travailleurs. L'ennemi ne s'apperçut de nos opérations que vers les 7 heures du matin, du 23 nivôse, ce qu'il annoncea par de fortes décharges d'artillerie, qui continuèrent toute la journée et auxquelles nous ne répondîmes point. Le canon nous tua deux hommes et des éclats de bombes, en blessèrent 7 à 8.

Le 24 nivôse, la paralelle fut fermée à son extrémité de droite, par une traverse.

Le 25 les embrasures endommagées par le canon de l'ennemi, furent réparées.

Le 26 on travailla au boyeau de communication avec les batteries.

Le 27, la compagnie des Mineurs jointe à 100 Polonais, furent employés à terminer les banquettes et à donner à la paralelle et à toutes les communications, la largeur convenable ; de manière que le 28, tous les ouvrages de la petite attaque étoient perfectionnés, excepté la dernière batterie, qui devoit cependant être terminée pour le 29 au matin.

Jusqu'alors les travaux de la petite attaque, n'avoient pour ainsi dire d'autre objet, que de distraire l'ennemi, attirer ses feux sur elle, et faire diversion dans le moment où l'on commenceroit à établir l'attaque principale.

Le général CHASSELOUP sans perdre de temps, ordonna que le 24 au soir, on ouvriroit la tranchée de grande attaque, sur la rive gauche du *Mincio*. Toutes ses dispositions étant arrêtés, le Chef de l'Etat Major, en expédia de suite les ordres. 200 Sapeurs, 200 hommes de la 1.ere $^{1}/_{2}$ brigade légère provisoire et 200 Polonais, tous munis d'outils de siège ;

maïs portant en outre leurs armes, pour se défendre eux-mêmes en cas de sortie de la part de l'ennemi, se rendirent sur le terrein à l'heure indiquée. Une garde de 100 hommes étoit placée en avant, pour couvrir les travailleurs. La compagnie des grénadiers de la 86.e ½ brigade de ligne et 30 chasseurs à cheval du 21.e régiment, formoient la réserve. Ces deux détachemens étoient postés vers le dépôt du Génie près de la maison dite *La Mondella*, sur la grande route entre *Peschiera* et *Cavalcacello*. La compagnie des éclaireurs du 3.e bataillon des Polonais, avec 15 chasseurs à cheval du 21.e régiment, étoient également placés en réserve, vers le dépôt d'artillerie, près de la maison dite *Val-Paradiso*, sur les bords du *Mincio*.

Tout étant ainsi disposé, les troupes rendues à leurs différens postes et le Chef de l'Etat Major du siège, en ayant lui-même rectifié les positions, le général Chasseloup accompagné des officiers du Génie, se transporta à huit heures du soir , sur le plateau faisant face à la ville , entre les maisons dites , *La Mondella* et *Val-Paradiso*. Là il fit exécuter en sa présence , le tracé de la paralelle, à environ 150 toïses de la place. La gauche , appuyée au revers d'un terrein hors de la vue des remparts , servoit de communication avec les dépôts. La droite, aboutissoit à l'escarpement qui borde la grande route de *Vérone*. Deux boyeaux de tranchée, conduisoient au sentier tracé à mi-côte de l'escarpement, servant de chemin couvert , pour aller au dépôt de droite.

Deux batteries étoient placées en avant de cette paralelle, avec les communications pour s'y rendre. L'une devoit recevoir huit pièces de 24 , destinées à détruire les parapets en terre , avec des corps creux, puis à éteindre les feux des remparts , à razer les *cavaliers* et enfin , à battre en brèche. L'autre batterie à gauche , étoit composée de cinq pièces de 12 et de deux obusiers , pour battre à

ricochet, les *cavaliers*, ainsi que les ouvrages du front, sur la rive droite du
Mincio.

Outre ces deux batteries, on en établit
encore deux autres, l'une dans la paralelle, destinée à recevoir deux mortiers;
et l'autre à l'exttêmité de la droite de la
tranchée, avec quatre pièces de 12, pour
contrebattre les feux de la *demi-lune*, qui
couvre la porte de *Vérone*, détruire le
pont-levis, et tirer sur l'ennemi, s'il venoit à tenter une sortie.

Les officiers du Génie, placèrent eux
mêmes sur les différents points de la paralelle, les Sapeurs, les Mineurs et les
soldats destinés aux travaux de la première nuit. Tous commencèrent à la fois
l'ouverture de la tranchée. Pendant près
de trois heures, l'ouvrage s'avanceat sans
aucun accident. Le général CHASSELOUP,
accompagné de tout son Etat Major, étoit
au milieu des travailleurs, qu'il animoit
de sa présence. Une obscurité profonde,
voiloit nos travaux. Nous étions si pro-

che de l'ennemi, qu'on entendoit dans le silence de la nuit, les soldats Autrichiens parler dans la ville de *Peschiera*. Il étoit près de minuit, lorsque tout à coup une fusillade se fait entendre, elle étoit accompagnée de quelques coups de canon, à boulet et à mitrailles. Nous eûmes trois hommes de blessés. Cet événement qui pouvoit nous être funeste, n'eût heureusement aucune suite. Il avoit été provoqué par l'imprudence d'une patrouille de la 86.e 1/2 brigade qui s'étoit avancée de trop près, des murs de la place. L'ennemi pendant le reste de la nuit, ne témoigna plus de défiance; il ne lancea pas même de pôts' à feu, qui auraient pu nous trahir. Cet accident loin de nous être nuisible, ne servit qu'à éxciter les travailleurs à s'enfoncer dans la tranchée, de sorte que cette nuit fut entièrement dérobée à l'ennemi, et le matin la tranchée étoit assez profonde, pour cacher nos soldats.

Le lever de l'aurore, rendit les Autri-

chiens témoins de la rapidité et de l'é-
tendue de nos travaux de la nuit. Ils en
montrèrent leur dépit d'une manière plus
sensible encore, qu'ils ne l'avoient fait
lors de la petite attaque. On put en juger
par le feu roulant, que toutes leurs batteries, ne cessèrent de vomir, le 23 nivôse et les jours suivants. Ils se conten-
toient pendant la nuit, de faire d'heure en
heure de vigoureuses décharges d'artillerie, et alors ils lanceoient, principalement des corps creux. Les environs de
la place semblaient embrasés. La mitraille
pleuvoit sur nos travaux et des boulets
et des bombes, tombaient à des distances fort éloignées de la ville, ils arri-
voient quelques-fois jusqu'a *Montepiano*
et *Paradiso* où les généraux CHASSELOUP
et LA-COMBE-S. MICHEL avoient établi leurs
quartiers généraux.

Il nous restoit encore un poste à enlever, pour expulser entièrement l'ennemi du terrein qu'il occupoit en avant
de la place, sur la rive droite du *Mincio*.

Ce poste étoit logé dans la maison dite *Casa bianca*. Le feu des remparts de *Peschiera* et celui des quatre *lunettes*, la protègeoient. Le général *Dabrowsky*, en fit commencer l'attaque le 25 nivôse. La résistance des Autrichiens fut si opiniâtre, qu'ils se maintinrent dans la maison, jusqu'au lendemain 26. Le brave chef du 7.ᵉ bataillon Polonais, *Chtopicky*, dirigeoit cette expédition. Ses soldats animés par l'exemple de leur chef, redoublèrent d'efforts et de courage, et le poste fut enlevé la bayonette en avant.

Il nous restoit à suivre avec activité les opérations que nous avions si heureusement commencées. Cependant les batteries ennemies ne laissoient pas que de nous incommoder. Dans un siège, les momens les plus dangereux, sont ceux où l'on commence les travaux sous le feu des remparts d'une place. L'ennemi tire sur les travailleurs et en général sur tous les points qui lui inspirent de la défiance, tandis que les attaquans au contraire, ne peuvent répondre et doivent attendre que leurs travaux soient terminés pour reprendre l'offensive et faire jouer toutes leurs batteries à la fois. Telle fut notre position pendant le temps que dura le travail des tranchées. L'ennemi en profitoit sans ménagement. De continuelles décharges faisoient pleuvoir de toute part, les balles, les boulets et les éclats de fonte. De temps en temps nous perdions quelques hommes. Notre silence constant, avoit inspiré une telle sécurité aux habitans de la ville, qu'on voyoit des curieux de *Peschiera*, se montrer tous les jours en assez grand nombre, sur les murs et sur les remparts de la place. Les Autrichiens observaient impunément nos travaux, et leurs canonniers, nous ajustoient sans crainte. Pour remédier à cet inconvénient, en attendant que nous pussions faire jouer nos batteries, le général CHASSELOUP, fit choix de tirailleurs adroits, qui furent postés dans des trous pratiqués de nuit, en raze-campagne et à une distance très-rapprochée des murs de la ville. Ces tirailleurs munis de vivres et de cartouches, restaient toute la journée dans ces trous. Ils y étoient enfoncés jusqu'à la tête et protégés par le revers du fossé. Trois sacs à terre formoient leur embrasure. Une quarantaine de ces tirailleurs ainsi placés de distance en distance, faisoient continuellement feu, sur les batteries de la ville, tiroient dans les embrasures et sur les remparts. L'ennemi se trouva extrêmement inquiété par ce nouveau genre d'attaque. De cette manière nous leur tuâmes plusieurs hommes et entre autre un officier Autrichien qui reçut une balle dans la tête, au moment où s'étant présenté dans une embrasure, il observoit nos tranchées avec sa lorgnette. Nous nous apperçumes du bon effet que ces tirailleurs produisirent, aussi l'ennemi cherchat-il à s'en défaire. Le 27, la garnison fit une sortie sur eux, pour les débusquer du côté de la rive droite du *Mincio*. Nos soldats n'eurent

que le temps de faire retraite et toujours en tiraillant, à découvert. Nous en
perdîmes un seul, qui fut tué par le feu
de l'ennemi. Le jour suivant, nous les
replaçames dans les mêmes positions et
quelques uns dans des trous encore plus
rapprochés des remparts, une embuscade
devoit les soutenir en cas de sortie de la
part de l'ennemi. Nos troupes d'ailleurs
brûloient d'envie de se mesurer avec les
Autrichiens, et ne désiroient rien tant,
que de les attirer hors de la ville.

Les 25, 26, 27 et le 28 au matin,
les travaux du siège se continuoient avec
ardeur. La paralelle et ses communications
avoient été régularisées. Les batteries
étoient revêtues de leur épaulement, l'artillerie y faisoit conduire ses pièces, ainsi
que ses munitions. Il ne nous restoit plus
enfin que quelques plattes formes à terminer et des embrasures à démasquer. C'est
alors que nous apprîmes dans l'après midi
du 28 nivôse, la nouvelle de l'ARMISTICE,
conclue à Trevise le 26 du même mois,

(16 janvier 1801, v. s.) entre le général en chef *BRUNE*, commandant l'Armée d'Italie, et M.^r le général *BELLEGARDE*, commandant en chef, l'Armée Autrichienne. (*)

Dans la même journée, le général de division OUDINOT, chef de l'Etat Major général passa par *Peschiera*, pour porter les conditions de l'ARMISTICE à *Paris*. Tous les travaux du siège furent des-lors suspendus, les hostilités cessèrent, et les corps rentrèrent dans leurs camps.

Quoique nous n'ayons pas eu le temps de tirer sur la place, et de la faire capituler par le feu de nos batteries, on ne doit pas moins considérer tout ce que les troupes ont fait, pour un siège en règle. Plus de 1200 toises de tranchées, et 4 batteries principales, dont une de brèche ; ont été perfectionnées sous un feu continuel, et à portée de mitraille. On pouvoit compter sur la précision des

---

(*) Voy. le recueil des pièces.

travaux du Génie et sur l'habileté du
GENERAL et des officiers de cette arme.
On avoit tout à espèrer, des talens, de la
bravoure du GENERAL commandant l'artillerie, et des officiers et soldats qui étoient
sous ses ordres. Le courage des troupes
du siège, l'audace qu'elles avoient toujours montrées dans les différentes attaques où elles s'étoient signalées, joints
à une sorte d'impatience d'en venir à
une action générale, étoient de surs ga-
rants, que la place se seroit rendue en
très-peu de jours. Depuis le chef jusqu'au
dernier des soldats; tous, avaient jusqu'alors
fait preuve d'un dévouement au-dessus
de tout éloge; tous, s'étoient familiarisés avec le danger, que les batteries
ennemies semoient au hazard de tout
côté. L'infanterie avoit rendu de grands
services, par sa patience et sa bonne vo-
lonté dans les travaux. Elle sçut se mul-
tiplier, par son zèle et son activité. Je
citerai particulièrement la 86.ᵉ $^{1}/_{2}$ brigade
commandée par le chef de bataillon *Fischer*,

officier distingué et rempli de bravoure.
Les Polonais méritent aussi un juste tri-
but d'éloge, le bon exemple de leurs
chefs et du brave général de Division
Dabrowsky, qui les commandoit, contribua
souvent à doubler leurs efforts et leur
courage.

Le 29 nivôse, le général *Rogolsky*, commandant à *Peschiera*, reçut une copie offi-
cielle de l'ARMISTICE, que lui apporta
M.ᵣ *De-Bolza*, officier de l'Etat Major général Autrichien. Le jour pour l'évacuation de la place, fut fixé.

Le 2 pluviôse à 7 heures du matin,
le général CHASSELOUP à la tête des troupes du siège, se placea sur la grande
route de *Vérone*, près le glacis de *Peschiera*. Là, il fit défiler devant-lui la garnison
Autrichienne, forte de 2258 hommes, sans
compter les équipages consistant en 65
chariots, qui évacuèrent immédiatement
après. Nous entrâmes ensuite dans la ville, dont la 1.ere ¹/₂ brigade d'infanterie
légère provisoire, et le détachement du

21.e régiment des chasseurs à cheval, formèrent la garnison. Les autres corps, qui faisaient partie des troupes du siège, se mirent le même jour en marche, conformément aux ordres qu'ils en avoient reçus, pour se rendre à leurs destinations réspectives.

Le chef de brigade *Sémélée*, nommé commandant de la place de *Peschiera*, arriva le même jour 2 pluviôse, et prit de suite possession de son commandement. C'est lui qui veilla à l'exécution des articles de l'ARMISTICE, concernant l'artillerie, les munitions, les magasins de la place et la reddition de la flotille.

Au quartier général de Montepiano *sous* Peschiera, *le 3 pluviôse An 9.*

Le chef de l'Etat Major des troupes du siège de *Peschiera*.

F. HENIN.

NOTE SUR LE *MINCIO*. (*Voy. p.*, 20.)

La Rivière du *Mincio*, sort du *Lac de Garda*, en passant dans *Peschiera*. Après un cours de 18 à 20 milles, elle va former un autre Lac, celui de *Mantoue*, qu'elle traverse pour se jetter dans le *Pô*, par le *Mincio inférieur*, à deux milles au dessous de *Governolo*. Son cours total, seroit de 40 milles; mais ses sinuosités, l'obligent à en parcourir environ soixante. Des rives assez élevées, qui de part et d'autre la contiennent, en rendent jusqu'à *Rivalta*, l'accès peu facile, principalement sur la rive gauche. Sa profondeur ne permet de la passer, que dans le temps des basses eaux. On compte alors 12 à 15, gués praticables, depuis sa sortie du *Lac de Garda*, jusqu'à celui de *Mantoue*. Cependant, si on venoit à fermer les différentes prises d'eau qui lui sont faites et dont les plus considérables sont, à *Salionce*, *Pozzolo*, *Goito*, etc. Le *Mincio* rentreroit dans son lit et cesseroit d'être guéable. Le contraire arriveroit, si on contraignoit le *Mincio* à se perdre dans les canaux dont je viens de parler. Ses eaux seroient versées il est vrai, dans le lac supérieur; mais on pourroit aussi les diriger de manière, à investir les fortifications de *Mantoue*, du côté de la citadelle et de la porte S. Géorge. La ville courreroit encore le risque d'être innondée, si le *Mincio inférieur*, trouvoit des obstacles à son écoulement : c'est ce qui arriveroit dans le temps des grandes crues du *Pô*. Ce fleuve en s'élevant à 14 ou 15 pieds, agit sensiblement sur le *Mincio inférieur* dont le cours est lent, et s'il ne rencontroit pas d'obstacles, non seulement il l'arrêteroit ; mais encore il le feroit remonter d'une manière visible, jusques dans le lac de *Mantoue*, au point de produire en sens contraire, un courant assez rapide. C'est pour cette raison, qu'on a construit à *Governolo*, une écluse, qui dans les débordemens, fait l'office de digue, pour contenir les eaux du *Pô*.

D'après cet apperçu, on sentira que le *Mincio*, sous les rapports militaires, offrira toujours une ligne défensive respectable et quelque-fois offensive, par le moyen des inondations. Sous les rapports commerciaux, il pourroit aussi jouer un rôle bien intéressant. Ses extrêmités touchent à des distances éloignées, par les deux lacs aux quels il sert de jonction. L'un (1) s'avance jusques dans le sein des montagnes du *Tyrol* ; et l'autre (2) communique par le *Pô*, à la mer *Adriatique*.

---

(1) Le *Lac de Garda*. Il a pres de 40 milles d'Italie de long et environ 18 milles dans sa plus grande largeur.

Ce Lac communique encore avec l'*Oglio* par un petit canal qui part au-dessus de *Deçençano* et se jete dans cette rivière qui verse ses eaux dans le *Pô*. On croit dans le pays que cette faible communication a été plus considérable autrefois.

(2) Le *Lac de Mantoue*. Il est étroit, sa longueur est de 10 à 12 milles.

Si le *Mincio* depuis *Peschiera* jusqu'à *Mantoue* n'est pas navigable pour de grosses barques, il pourroit le devenir avec quelques dépenses. La République Cisalpine sans doute, s'occupera un jour d'un projet, qui dans cette partie, feroit fleurir son commerce intérieur. Il seroit beau de voir, des bâtimens chargés de marchandises, venir de régions maritimes les plus lontaines, pénétrer dans le *Tyrol*, en traversant des fleuves, des canaux et des lacs.

Je suis porté à croire, que ce projet de navigation, que je présente comme possible, a été mis en exécution du temps des Romains. On en trouve, pour ainsi dire la preuve, dans les poèsies de *Catulle*, qui vivoit du temps de *J. Cesar*. Le passage que j'invoque est tiré d'une pièce de vers intitulée *ad hospites*, que le poëte latin adresse à ses amis. Il y célèbre le bâtiment sur lequel il revint dans son pays, après un long voyage. Ce poëte habitoit *Vérone* et il parle plusieurs fois de cette ville dans ses ouvrages. Il avoit des possessions à *Sermione*, ainsi qu'il le dit lui-même dans ses vers. Sa famille y étoit établie et l'on voit encore dans la presqu'île de ce nom, située dans le lac de *Garda*, les ruines de sa maison de campagne. Quelques auteurs modernes, il est vrai, ont élevé des doutes mal fondés, sur les rapports qui existent entre *Catulle* et la presqu'île dont je viens de parler. Les uns la plaçoient dans le lac de *Côme* et d'autres en *Dalmatie*, où il existoit une ville appellée *Syrmium.* Cès opinions qui ont été réfutées, sont aujourd'huy généralement rejettées. *Catulle* avoit voyagé plusieurs fois dans l'*Asie mineur*, pour s'y instruire dans la littérature grecque. Il alla en *Bithynie*, passa quelque temps à *Nicée*, visita les ruines de *Troye.* On apprend ces détails dans les différents auteurs latins, qui vivoient de son temps.

C'est au retour de ses voiages, que *Catulle* composa les vers, dans lesquels il fait la description d'un bâtiment, qui pouvoit voguer à rame et à voile. Il étoit propre pour des voyages de long cours. Ce Poete le fait passer dans la mer *Adriatique*, aux *Cyclades*, à *Rhodes*, sur les rivages de la *Thrace*, dans la *Propontide* etc. Et cependant ce vaisseau vient jusques dans le lac *Benaco* aujourd'hui *Garda. Catulle* veut l'y conserver avec vénération et l'y laisser vieillir dans la rade de *Sermione*, à l'abry des tempêtes, après l'avoir consacré aux frères gemeaux *Castor* et *Pollux.* C'est le sentiment général des commentateurs du poête *Catulle* et on le voit assez clairement dans le passage suivant :

Neque ulla vota litoralibus diis
Sibi esse facta, quum veniret a mari
Novissimo hunc ad usque limpidum lacum.
Sed hæc prius fuere; nunc recundita
Senet quiete, seque dedicat tibi,
Gemelle Castor *et gemelle* Castoris.

Hors , pour faire venir de la mer *Adriatique* ,
le bâtiment dont parle *Catulle* , et le faire entrer
dans le lac de *Garda* jusqu'à la presqu'île de *Sermione* , il a fallu qu'il traversa le *Pô* , le lac de
Mantoue et le *Mincio.*

Il est encore possible qu'un pareil navire ait pu
remonter par l'*Adige* ; car suivant une ancienne
tradition , ce fleuve communiquoit avec le *Mincio*,
au moyen d'un canal pratiqué aux environs de *San-
lionce* ou *Valleggio.*

Indépendamment de cette assertion , qui demman-
deroit à être vérifiée , les prises d'eau de *Pozzolo*
et de *Goito*, étoient autrefois des canaux assez considérables pour servir au commerce , on peut en
juger par d'anciennes écluses détruites , qu'on remarque dans le cours de ces canaux. Il se réunis-
soient ensuite dans le lac supérieur de *Mantoue.*
Les barques marchandes y trouvoient peut-'tre
un passage naturel par le lac , ainsi que je vais
l'expliquer , ou bien suivoient un autre canal dans
la direction de celui de *Pajolo* , vers le chateau
du *Thé* , pour se jeter dans le *Mincio inférieur* , et
de là , dans le *Pô* qui verse ses eaux dans la mer
Adriatique.

Quant à la direction naturelle dont je viens de
parler , on seroit tenté d'y croire, d'après une opi-
nion plus ou moins fondée, qui existe concernant
le lac de *Mantoue.* On croit que dans des temps
reculés, les levées qui le divisent aujourd'hui en

trois parties (*) n'existaient point. Les eaux en s'écoulant plus vîte, n'étoient point stagnantes autour de la ville, et offroient au commerce un passage libre.

D'après cette hypothése: Si *Mantoue* qui est, si j'ose le dire, une forteresse à charge, aussi dispendieuse à défendre, qu'à attaquer, venoit à cesser d'être place de guerre ; on retrouveroit sans doute les avantages dont je viens de parler, et le lac en diminuant de superficie, rendroit beaucoup de prairies à l'agriculture et laisseroit le pays moins malsain.

Les vues que j'ai présentées sur le *Mincio*, mériteront je pense, d'être examinées sur les lieux, en attendant que la paix puisse fournir un jour, aux dépenses que réclament d'aussi utils travaux. Ils rendroient le transport des denrées et des marchandises, moins dispendieux et plus prompts. Ils vivifieroient, le commerce intérieur de la République Cisalpine et amélioreraient le sort de ses habitans, en leur présentant une source de richesses et de prospérité.

(*) Ces trois parties du lac de *Mantoue*, sont désignées dans le pays, par les dénominations de lac *supérieur*, lac *du milieu* et lac *inférieur*. Ils sont divisés les uns des autres, par des jetées qui soutiennent les eaux, à différentes hauteurs.

ÉTAT DE SITUATION GÉNÉRAL
DES TROUPES DU SIÈGE DE *PESCHIERA*
à l'époque du 28 nivose, An 9.

CHASSELOUP LAUBAT Général de Division, COMMANDANT SUPÉRIEUR des troupes du siège de *Peschiera*, Inspecteur Général Commandant en Chef du Génie ....

Aides de camp
ANDRE capitaine du Génie
VICTOR (Martin) ... *Idem*

FELIX HÉNIN Chef d'Escadron, CHEF DE L'ÉTAT MAJOR des troupes du siège de *Peschiera*.

OFFICIERS DU GÉNIE, COMMANDÉS DE SERVICE, AU SIÈGE DE PESCHIERA.

ÉTAT MAJOR

BRIGADE DE GRANDE ATTAQUE.			BRIGADE DE PETITE ATTAQUE.		
DABADIE (*le jeune*)	. Chef de Bataillon . .	Commandant l'attaque	BREUILLE	. Chef de Bataillon . .	Commandant l'attaque
PRUDHOMME	. . . . *Idem*		DIANOUS	. . . . *Idem*	
ANDRE	. . . Capitaine . . .		GRUMPERTZ	. . . Capitaine . . .	de la 3.e Comp.ie des Min.rs
HUART	. . . . *Idem*		BOUVIER	. . . . *Idem*	
BAUDRAN	. . . . *Idem*		BERTHOIS	. . . . *Idem*	
HENRY	. . . . *Idem*		BARAILLON	. . . . *Idem*	
FLANDIN	. . . . *Idem*		LE SECQ	. . . . *Idem*	
DELARD	. . . . *Idem*		LOYARBRE	. . . . *Idem*	
VICTOR (*Martin*)	. . . . *Idem*		LE BRUN	. . . Lieutenant . . .	de la 3.e Comp.ie des Min.rs
WARENGHIEN	. . . . *Idem*				

GÉNÉRAUX commandants, au siège de Peschiera.

CORPS

DABROWSKY général de division . . .
{ Commandant en second les troupes du siège de *Peschiera*.

Aides de camp
N. ....
N. ....

86e 1/2 brigade de ligne	525
1.ere 1/2 B.de provisoire légère, d'orient	417
1.ere légion Polonaise	2125
21.e Rég.t de chas.rs à cheval (*détach.t*)	47
1.er Rég.t de chas.rs italiques, à cheval	171
Sapeurs de différentes compagnies	412

} 3697

PERSONEL DE L'ARTILLERIE

1.er Rég.t d'artillerie légère (*détachement*)	24
5.e Régiment d'artillerie à pied (*Idem*)	142
3.e compagnie des mineurs	66
1.ere compagnie de canoniers Polonais	84
Pontonniers	45
Ouvriers d'artillerie	6
Train d'artillerie	25

} 392

Total des troupes du siège . . . 4089. hommes . . . .

LA COMBE-S.MICHEL G.al de division.
{ Insp.r G.al Comand.t en chef, l'artillerie de siège de l'armée.

MELLINI chef de bataillon. . . .
Eugène LA-COMBE S. MICHEL fils, officier de marine . . . . .

MATERIEL DE L'ARTILLERIE.

Pièces . . de 24	8
Id. . . . de 12	10
Id. . . . de 9	2
Id. . . . de 3	4
Obusiers de six pouces	4
Mortiers de six pouces	2

Total des bouches à feu 30

TAVIEL, chef de brigade, faisant fonction de *gén.al de brigade* d'artil.ie
{ PELEGRIN capitaine d'artillerie
PION lieutenant d'artillerie . . . .

(*Nota*) Chaque pièce étoit approvisionnée de 400. coups.

PELIZZONE, faisant fonction d'Ordonnateur.

NOULIBOS, Commissaire des guerres.

CERTIFIÉ
Conforme aux États de situation des Corps.
Le Chef de l'État Major
F. HÉNIN.

RECUEIL

DES PIÉCES JOINTES AU JOURNAL HISTORIQUE DU SIÉGE DE PESCHIERA.

(N.° 1.)

CHASSELOUP LAUBAT, *général de D.*on *comman-*
dant supérieur des troupes du siège de Peschiera.

A M.r *le lieutenant colonel* SCHNECH, *commandant*
des retranchemens Autrichiens *à* Sermione.

Au quartier général des retranchemens
sous Sermione *, le* 18 *nivôse An* 9.

*T*ant *que nous n'avons point été,* MONSIEUR
le commandant, maîtres de toutes les rives du Lac,
et que votre armée a pu espérer de reprendre l'of-
fensive, je ne vous ai point fait de propositions,
parce que je sçais estimer l'ennemi qui m'est op-
posé; mais, MONSIEUR *, vous n'ignorez pas que*
nos troupes, après avoir marché sur les deux
bords du lac, sont maintenant à Trente, *et que*
votre armée a repassé la Brenta. *La courte rési-*
stance que vous pourriez faire dans Sermione *,*
n'attireroit que votre perte et la destruction de la

commune de cette presqu'île. Je vous offre donc ,
pour épargner l'effusion du sang , de capituler de
suite. Je vous accorderai, ainsi qu'à vos officiers,
tout ce qui peu leur appartenir , la liberté de re-
tourner sur parole dans leur pays. Demain il ne
sera peut-être plus temps , parce que je puis faire
stationner quelques heures, l'artillerie qui m'arrive;
alors le sort des armes en décideroit et les succès qui doivent vous paroître probables, ne permet
tront plus de vous offrir les mêmes conditions.

Signé CHASSELOUP.

(N.° 2.)

SCHENECH , *lieutenant colonel commandant à
Sermione.*

Au général de division CHASSELOUP.

Sermione le 8 janvier 1801.

MONSIEUR LE GENERAL

S il dépendoit de moi de répondre à votre lettre,
je sçaurais que répondre ; mais je dois compte de
ma conduite à MONSIEUR LE GENERAL commandant à Peschiera, au quel j'envoye votre lettre et du quel j'attendrai les relations, pour vous

répondre; ce que je ferai, sitôt le retour de l'or-
donnance que j'envoye à Peschiera.

Signé SCHNECH *lieut.ᵗ colonel.*

(*N.° 3.*)

SCHENECH, *lieutenant colonel, commandant à*
Sermione.

Au général de division CHASSELOUP.

A Sermione le 8 janvier 180;.

MONSIEUR LE GENERAL

E tant une partie de la garnison de Peschiera,
j'ai regardé comme mon devoir de communiquer
votre lettre, au GENERAL *commandant cette place.*
J'ai été bien sur de sa réponse, parce que je
pouvais compter sur sa bravoure et la fermeté de
son cœur; mais ayant à présent sa réponse, aus-
sitôt je vous réponds aussi, que je me trouve pas
encore dans l'état d'être obligé d'accepter la ca-
pitulation que vous me proposez, quelqu'honora-
ble qu'elle soit.

Le poste qu'on m'a confié est d'une assez
grande conséquence pour être défendu, comme un
poste pareil le doit être; ainsi je ferai mon pos-

sible de mériter votre estime, par la plus stricte exécution de mes devoirs. Que notre armée soit à la Brenta ou à la Piave, cela ne m'empêchera pas de faire mon devoir et d'attendre ma destinée avec la résolution d'un honnête homme que je me flatte d'être.

Signé SCHENECH lieut.t colonel.

(N.º 4.)

CHASSELOUP LAUBAT, général de D.on commandant supérieur, des troupes du siège de Peschiera.

A M.r de BLUMANSTEIN, capitaine de marine, commandant la flotille Autrichienne, sur le lac de Garda.

Au quartier général des retranchemens sous Sermione le 18 nivôse An 9.

Après avoir fait tout ce que vous pouviez, MONSIEUR, vous devez voir maintenant, que nous sommes maîtres de toutes les rives du lac de Garda et que votre armée est au delà de Trente et de la Brenta ; qu'il ne vous reste aucun refuge, puisque si vous vous retirez dans Peschiera, vous ne tarderiez pas à y voir brûler votre flotte. Je vous invite donc à me la remettre. J'accorde-

rai à vous et à vos officiers, la liberté de se retirer sur parole dans leur patrie. Aujourd'hui est
le seul jour, où je puisse vous offrir un arran-
gement aussi avantageux, parce que sous peu,
mon artillerie déployée sur Sermione et Peschiera,
ne vous laissera plus aucun point de sûreté, et
vous ne pourrez éviter votre ruine complette.

Signé CHASSELOUP.

(N.° 5.)

Le chev.ʳ de BLUMANSTEIN, capit.ᵉ de marine, com-
mand.ᵗ la flotille Autrichienne sur le lac de Garda.

Au général de Division CHASSELOUP.

A bord de la légère, en rade à Torri,
le 9 janvier 1801.

MONSIEUR LE GENERAL

Il y a déjà trois jours, que M.ʳ le chef de
Division Sibille, commandant en chef les forces
navales françaises en Italie, m'a fait la proposition que vous me faites aujourd'huy, en me
rappellant, que la flotille qu'il avoit au moment
que Peschiera tomba en notre pouvoit, me fût

remise. Je vous remettrai sous les yeux, que je ne la demandai, que quand cette place fût rendue. Vous ne trouverez donc pas mauvais, monsieur le GENERAL, que je n'entre dans aucun traité, tant que les deux places de Peschiera *et de* Sermione, *seront en notre pouvoir. Dans tous les cas, je suis persuadé, qu'une défense opiniâtre, me procurera le double avantage d'une capitulation honorable et de votre estime.*

Signé *le Chev.er DE BLUMANSTEIN*
Capitaine de marine.

Pour copies conformes,

Le Chef de l'Etat Major des troupes du siège de Peschiera
F. HENIN.

ARMISTICE

CONCLUE LE 26 NIVOSE AN 9 (16 janvier 1801 v. s.)
ENTRE LE GENERAL EN CHEF BRUNE,
COMMANDANT L'ARMEE FRANÇAISE EN ITALIE
ET M.r LE GENERAL BELLEGARDE,
COMMANDANT EN CHEF L'ARMEE AUTRICHIENNE.

Les généraux en chef des Armées, Française, et Impériale et Royale en Italie, voulant arrêter l'effusion du sang, au moment où les deux gouvernemens s'occupent de conclure la paix, ont nommés et munis de leurs pleins pouvoir; les citoyens, Marmont, général de Division et conseiller d'Etat, et Sebastiani, chef de brigade de dragons, et M.r le comte de Hohenzolern, lieutenant général, et le baron de Zach, général major, pour traiter d'une armistice qui a été arrêtée, aux conditions suivantes.

ARTICLE PREMIER

Il y aura armistice entre les armées de la République Française et celles de sa Majesté l'Empereur et Roi en Italie, jusqu'au 4 pluviôse,

(25 janvier) époque de l'expiration de celui des armées d'Allemagne.

Les hostilités ne pourront cependant recommencer que 15 jours après l'avertissement des généraux en chef, respectifs en Italie.

ART. II.

Dans cette armistice seront compris tous les corps faisant partie des armées Francaises d'Italie et des Grisons, et ceux des armées Impériales et du Tyrol.

ART. III.

Les armées Françaises se mettront en route après-demain, 28 nivôse, (18 janvier), pour occuper leur nouvelle ligne ; cette ligne suivra la rive gauche de la Livenza, depuis la mer jusqu'à sa source, près de Solunigo ; de là elle montera sur la haute crête des montagnes qui séparent la Piave de la Zélina, passe les monts Maür, Crompitz, Randthal, Spitz, descend de là dans la vallée Luckang, près Aigge, remonte la montagne pour redescendre dans Drauthal, à Mitterland, sur la Drawe, jusqu'à Lintz, où elle rencontre la ligne de démarcation fixée par la convention d'Allemagne.

ART. IV.

L'armée Impériale et Royale, prendra pour ligne de démarcation, la rive droite du Tagliamento, depuis la mer jusqu'à sa source, près du mont Maür; cette ligne montera sur ce point, et suivra de là, celle désignée dans l'article précédent, qui se trouvera commune aux deux armées.

ART. V.

. Le pays compris entre les deux lignes de démarcation est déclaré neutre; on ne pourra pas y mettre de troupes en cantonnement; il n'y sera placé que des postes ou piquets, pour garder les avenues; les postes ne pourront pas être éloignés des rivières, de plus d'un demi-mille.

ART. VI.

On tirera une ligne qui divisera le pays neutre en deux parties, pour y prendre des vivres; cette ligne sera marquée par le ruisseau Zelina jusqu'à Barca, passera par Villalta, Porto-Gruaro, et suivra la Limené jusqu'à la mer.

ART. VII.

On remettra à l'armée Française, les places de Peschiera et Sermione, les châteaux de

Vérone et Legnago, *la ville, et la citadelle de* Ferrare, *la ville et fort d'*Ancône, *aux conditions suivantes :*

1.º *Les garnisons sortiront librement avec les honneurs de la guerre ; elles emporteront leurs armes, équipages et propriétés, pour rejoindre l'armée Impériale.*

2.º *Toutes les pièces d'artillerie de fonte Impériale, avec leurs munitions, comme toutes autres propriétés Impériales qui ne seront pas désignées dans les articles ci-après, sortiront librement, et on donnera, pour exécuter cette évacuation, six semaines à l'armée Autrichienne.*

3.º *Toutes les pièces d'artillerie d'une fonte autre que celle Impériale, seront remises en propriété à l'armée Française, avec leurs munitions.*

Quant aux transports, l'armée Française se charge de fournir les bateaux, pour évacuer les effets des forteresses et places de Vérone, Legnago et Ferrare, jusqu'à la mer ; ces bateaux seront rendus fidellement.

L'armée Française fournira les moyens nécessaires pour faire rendre à Vérone les effets des forteresses et places de Sermione et Peschiera, qui seront embarqués sur l'Adige.

La partie de la flotille existante actuellement sur le lac de Garda, et qui a été prise aux Français, lors de la reddition de Peschiera, sera seule remise en leur possession, et celle restante en propriété à l'armée Autrichienne ne pourra être évacuée, que par le Mincio et le Pô et par les moyens propres de l'armée Autrichienne. Dans le cas où, dans le terme de six semaines, convenu pour l'évacuation totale des effets appartenants à l'armée Autrichienne, elle n'auroit pas pu évacuer la partie de la flotille qui reste à sa disposition, elle s'engage de la laisser dans son intégrité en propriété à l'armée Française.

4.° L'approvisionnement des places sera divisé en parties égales; les garnisons en emporteront la moitié; l'autre moitié sera remise à l'armée Française; le bétail suivra les garnison en entier.

5.° Les places seront remises en dépôt jusqu'à la paix, à l'armée Française, qui prend l'engagement de les conserver dans leur état actuel.

Art. VIII.

On enverra sur-le-champ, les ordres pour l'évacuation des places à rendre, et les commandants en sortiront avec leurs garnisons le plutôt possible, et au plus tard trois jours après la réception des ordres qui seront transmis, par des couriers extraordinaires Autrichiens.

Les commissaires nommés pour l'évacuation des places, y resteront jusqu'à la fin de cette opération, avec la garde Autrichienne nécessaire pour la police des magasins.

ART. IX.

Les commissaires destinés à recevoir les arsenaux et magasins, pourront seuls entrer dans les places avant la sortie des garnisons Autrichiennes ; les garnisons Françaises occuperont seulement une des portes, douze heures avant leur entrée dans la place.

ART. X.

Les malades qui resteront dans les places, ne seront pas réputés prisonniers de guerre ; l'armée Française en aura toujours soin, et les renverra à l'armée Impériale, qui tiendra compte des dépenses qu'ils auront occasionnées.

ART. XI.

Dans le cas où une, ou plusieurs places se trouveroient rendues à l'arrivée des couriers, qui seront expédiés par le général en chef BELLEGARDE,

il ne sera apporté aucun changement à la capitulation, qui sera exécutée en entier.

ART. XII.

La forteresse de Mantoue, restera bloquée par
les postes Français placés à huit cent toises des
glacis; ou permettra d'envoyer des vivres de dix
en dix jours pour la garnison: ils seront fixés à
quinze mille rations de farine et quinze cents rations de fourrages; les autres denrées en proportion.

Les bourgeois auront de temps en temps, la liberté de faire venir les vivres qui leur seront nécessaires; mais il sera libre à l'armée Française
de prendre les mesures qu'elle croira convenables
pour empécher que la quantité n'excéde la con-
sommation journaliere, qui sera calculée en raison de la population. Les communications pour
les vivres avec Mantoue seront établies par le Pô
jusqu'à Governolo, et ensuite par le Mincio.

ART. XIII.

On respectera les individus attachés au gou-
vernement Autrichien, ainsi que les propriétés, et
personne ne pourra être recherché pour cause d'opi-
nion politique.

Art. xiv.

La carte d'Albe servira de règle dans les discussions qui pourroient s'élever sur la ligne de démarcation tracée ci-dessus.

Art. xv.

Il sera donné les passe-ports nécessaires pour l'expédition des couriers.

Fait double à Trevise, le 26 nivôse an 9 (16 janvier 1801.)

Signés : le comte Hohenzolern-Hechingue, lieutenant-général de sa Majesté l'Empereur et Roi.

Zach, général-major, quartier-maître général, Marmont, général de division, conseiller d'état, Horace Sebastiani, chef de brigade.

Pour copie conforme,

Le chef de l'Etat Major
F. HENIN.

Par une convention signée à *Luneville*, le 6 pluviôse suivant. Articles I.er & VI. la place de *Mantoue* a été également remise à l'armée Française.

NOTES

SUR LA MAISON DE CAMPAGNE
DE CATULLE.

IL faudroit un homme de lettre, pour parler du poëte CATULLE, et décrire les restes antiques de sa maison de campagne. Ce n'est pas à ce titre, que je pourrois entreprendre de mettre au jour les notions que j'en ai recueillies, à la hâte sur les lieux. Cependant on me sçaura gré de les publier, si elles déterminent quelque savant à aller visiter *Sermione*, et y perfectionner les recherches que je ne fais qu'indiquer.

Les ruines dont je vais parler, sont situées à l'extrêmité de la *Presqu'île de Sermione*, (*) dans le lac de *Garda*. Ce qu'on en voit aujourd'huy, donne l'idée d'un grand palais. Il appartenoit à l'illustre famille de CATULLE, noble Romain. On connoit une médaille consulaire d'un de

______

(*) Voy. le plan de la presqu'île de *Sermione*, pag. 2.

ses parens, *Lucius*, *Valerius*, *Catulus*, *Trium-vir*, dont parle *Scipion Maffei* dans son histoire des antiquités de *Vérone*. Un autre *Quintus*, *Catulus*, étoit chargé de veiller à la réparation du Capitole. *Valerius*, *Catulus*, père du poëte, possédoit des terres de rapport et une maison de campagne dans la presqu'île de *Sermione*. L'historien *Suétone* rapporte qu'il y recevoit *Jules César*, avec lequel il étoit lié d'amitié. Le fils, *Caius*, *Valerius*, *Catu'us*, qui s'est rendu célèbre par ses poésies, préféra les plaisirs, à sa fortune. Il voyagea beaucoup et se livra aux sciences. Loin de faire sa cour à *César*, il écrivit contre lui des satires piquantes, sur ses mœurs corrompues. La moralité de CATULLE, n'étoit pas cependant des plus sévères, et les épigrammes dont on vient de parier, ne sont pas du nombre de ses productions de meilleur goût. Le souverain Dictateur les lui pardonna facilement, puisqu'il l'invita à dîner, le jour même où il lui en fit des excuses.

Suivant toutes les apparences, CATULLE étoit né dans la *presqu'île de Sermione*. Il l'indique lui-même, en quelque sorte, par l'expression *larem ad nostrum*, dont il se sert en parlant de son habitation de *Sermione.* Hors on sçait que les anciens, par ce mot *lares,* désignoient les dieux tutélaires de la famille et la maison où ils avoient pris naissance. CATULLE hérita des biens que son père possédoit dans cette presqu'île, ainsi que de la belle maison de campagne qui y étoit située. Il en parle dans son ode, *ad Sirmionem peninsulam,* elle étoit au rapport des auteurs anciens, commode et spacieuse.

Quoique la destruction de ce palais antique, soit aujourd'huy pour ainsi dire complette, et que le temps en ait fait disparoître ce qui pouvoit indiquer un ordre d'architecture ; cependant il reste assez de massifs de maçonnerie, de pilastres, de portions de voutes, de murs et de souterrains ; pour aider l'imagination à se représenter le bâtiment, tel qu'il pouvoit être en son entier. On n'y voit plus de pierres de taille. Le voisinage de l'eau, aura probablement contribué à completter la destruction de ces ruines, en donnant la facilité d'emporter tous les matériaux qui ont pu servir à la construction des maisons modernes, qui figurent aujourd'huy sur les rives du lac de *Garda.* Cependant on rencontre encore assez fréquemment dans les décombres de cette habitation, des médailles des Empereurs Romains, et l'on parle dans le pays, de pieces d'or et d'argent trouvées dans des vases de terre, placés au milieu d'un tombeau. De nouvelles fouilles biens entendues, procureroient peut être, d'autres découvertes de ce genre, et feraient retrouver des vestiges assez précis, pour servir à fixer la forme et l'état actuel, d'un édifice qui depuis près de 2000 ans, se consume par l'action lente du temps.

En parcourant à pied ce local, on se forme une idée assez exacte de l'étendue des bâtimens de la maison de CATULLE. Son enceinte est vaste. Sa longueur est d'environ 110 toises et sa largeur de 50. Le plateau sur lequel étoit établi la batisse, n'est pas de niveau dans toutes ses parties. Il paroit qu'on avoit cherché du côté de l'*ouest*, à racheter la pente du terrein, au moyen de voûtes à plusieurs étages, sur lesquelles on auroit pratiqué des terrasses. Mais du côté de l'*est*, cette habitation étoit solidement bâtie sur un rivage escarpé, soutenu par des rochers qui baignent dans le lac. La façade, a 25 toises de large et l'alignement de ses murs, offre quelques différences, avec celui des autres bâtimens ainsi qu'on pourra l'observer sur le plan que je joins ici. Il existe sous les ruines, différents souterrains voutés, que l'on peut visiter, et parmi lesquels on en distingue un, remarquable par sa position et son étendue. Il traverse toute l'enceinte, dans sa longueur et dans sa largeur, et forme une espèce de croix. On y entre par plusieurs trous. J'ai observé que dans les espaces ou l'on peut pénétrer, les voutes y sont parfaitement bien conservées.

Le peu de temps que j'ai eu pour parcourir ce local intéressant, ne m'a pas permis de pousser plus loin mes recherches. Le plan que je donne, suppléera à la description imparfaite que je viens d'en faire.

Indépendamment des réflexions et des souvenirs que ce sol réveille, la nature offre dans ces lieux, le site le plus agréable. On y respire un air pur et toujours tempéré. La presîle, depuis *Sermione* (*) jusqu'à son extrêmité,

(*) Voy. le plan de cette presqu'île, pag. 2.

a deux milles environ de tour. Elle est en grande partie couvertes d'oliviers, qui y forment un
bosquet délicieux. Au milieu et sur une émi-
nence qui domine le lac, est une chapelle dé-
diée à S.ᵗ Pierre, autour de laquelle sont grou-
pés des oliviers de la plus grande taille, qui
produisent au loin, un effet très-pittoresque.
De cette position, la vue se porte de tous les
côtés sur le lac de *Garda*, dont les bords or-
nés, de maisons et de paysages charmans, s'éle-
vent en emphithéâtre, et présentent les aspects
les plus riants et les plus diversifiés. Des coli-
nes couvertes de bois, des vallons fertiles; y
font par intervalle, un contraste frappant avec
les rochers qui bordent au *nord*, les rives du
lac. Souvent ces tableaux sont animés, par
une quantité de barques de pêcheurs. En parcourant l'horizon, on voit au *sud-ouest*, *Rivoltella*
& *Dezenzano*. Au *nord-ouest*, *Salo* se cache
dans un anse. Vers le *nord*, la vue se prolon-
ge dans la longueur du lac, sur la rive gauche duquel, ou apperçoit dans le lontain, *Torri*,
S.ᵗ Vigile , *Garda* , *Bardoline* , *Lacize* &. Les
yeux viennent enfin se fixer au *sud*, sur la forteresse de *Peschiera*.

Jamais position ne fut plus agréable. (*) Il
n'est pas étonnant, que les anciens ayent choisi

(*) La presqu'île de *Sermione*, n'est pas le seul endroit
dans ces cantons, qui offre des monumens de l'antiquité à
observer. A *S. Vigile*, sur la rive gauche du lac, près de
Garda, on y voit les restes d'un temple de Venus, aux
environs du quel on trouve des fragmens de statues, que
j'ai vûs en passant sur les lieux.

Le lac de *Garda* mérite aussi d'être visité par les naturalistes. On peu le considérer comme le plus grand lac de
l'Italie. Si le lac majeur est plus long, il ne présente pas
une superficie aussi considérable.

La nature a creusé dans celui de *Garda*, des abymes,
dont la sonde en quelques endroits, trouve difficilement le
fond, près d'une petite île appellée la *Madonna del Ca-
stello*, on y a mesuré plus de 400 pieds de profondeur.

Ce lac recèle dans son sein des eaux chaudes minéra-
les. Elles sont situées auprès de la presqu'île de *Sermione*,
en avanceant vers le milieu du lac. On y remarque des ebul-
litions qui en s'echappant du fond de l'eau, jusqu'à la superficie, exhalent une odeur de foye de souffre. *Carli*,
citoyen Véronais, rempli d'érudition et d'un mérite distingué, en parle dans l'histoire de *Vérone*, qu'il a fait
imprimer, il y a environs deux ans.

Le lac de *Garda* présente encore une singularité qui ap-
pelle l'attention des naturalistes Parmi la grande quantité
d'excellens poissons que ce lac nourrit, entre lesquls on
distingue le *Carpion* qui lui est particulier; on y trouve aussi
des sardines, de la même forme, et du même genre que
celles qui se pêchent dans la mer. Elles sont une preuve de
plus, que certains poissons, nés dans les eaux salées, peuvent se naturaliser dans les eaux douces. Les sardines dans
le lac de *Garda* y prennent un plus grand accroissement que
dans le mer. On en voit qui pesent jusqu'à deux livres. Elles
paraissent quelques fois en assez grande abondance, pour
engager les pêcheurs à les saler et en former des bariques.

la presqu'île de *Sermione* pour y batir une maison de campagne qui a du être magnifique. Mais on a lieu d'être surpris, que cet emplacement ait été abandonné depuis tant de siècles.

Quoiqu'il en soit, les ruines de la maison de CATULLE, méritent les regards des savants, et les recherches qu'ils y feront, pourroient devenir utiles à la littérature. La connoissance des monumens de l'antiquité, sert à mieux comprendre les auteurs anciens. Sous ce point de vüe, le plan que je publie ici, sera agréable à ceux qui aiment les poésies de CATULLE. L'un de ses traducteurs d'ailleurs très-estimable (*) ne désignera plus l'habitation de ce poëte, par le mot *cabane*, lorsqu'il sçaura que les bâtimens qui la composoient, avoient plus de 100 toises de long, sur 50, de large. D'ailleurs à proprement parler, le mot latin *domi*, que CATULLE a employé, ne veut pas dire *cabane*. On peut en juger, en lisant les vers qu'il fit sur la presquîle de *Sermione*. Je crois

---

(*) *L'auteur des soirée helvétiennes.* Voy. sa traduction de CATULLE impr. à *Paris* chez *Delalain* en 1771 (v. s.)

faire plaisir au lecteur, **en les transcrivant ici,**
avec la traduction de l'auteur des soirées helvétiennes.

AD *SIRMIONEM* PÆNINSULAM.

Pæninsularum *Sirmio* , insularumque
Ocelle, quascumque in liquentibus stagnis ,
Marique vasto fert uterque Neptunus ;
Quam te libenter, quamque lætus inviso ,
Vix mi-ipse credens Thyniam , atque Bithynos
Liquisse campos , et videre te in tuto.
Oh quid solutis est beatius curis ?
Quum mens onus reponit , ac peregrino
Labore fessi venimus , *larem ad nostrum* ,
Desideratoque acquiescimus lecto.
Hoc est , quod unum est, pro laboribus tantis.
Salve , o venusta *Sirmio* , atque hero gaude ;
Gaudete , vosque Lydiæ (*) lacus undæ ;
Ridete quicquid est domi cachinnorum.

A LA PENINSULE DE SERMIONE.

Sermione , *douce solitude ! Toi la perle des îles que
Neptune a vû naître. Que j'aime à goûter ma liberté
dans tes retraites ! je me plais à contempler tes rives*

(*) **CATULLE** entend par *Lydiæ lacus* , le lac de *Garda*
situé dans le territoire de *Vérone* qui faisoit autrefois partie du pays des *Rhetes* (les grisons.) Lesquels suivant les
auteurs anciens, venoient des *Etrusques* (les Toscans) qui
eux mêmes étoient une colonie de la *Lidye* et *Mœonie* ,
dans l'Asie mineur.

13

paisibles ! à peine encore osai-je me croire ici , et ar-
raché aux sauvages déserts des Bithyniens. Le bonheur
n'est il pas l'absence de l'inquiétude ? Qu'est-il de plus
doux que de chasser de son esprit les ambitieux projets?
Délivré d'une tâche asservissante et étrangère , qu'est-il
de plus doux, que de reposer tranquillement dans le sein
de ses lares *désirés ? De tant de travaux , de tant de*
peines , que m'est-il revenu ? Sermione, *douce solitu-*
de, réjouis toi de mon retour ! souris moi, lac limpide
de Lydie , et que toute ma maison (1) *solitaire, respire*
avec Catulle, *la plus pure joie et le bonheur.*

Jusques à présent on n'avoit qu'une idée imparfaite des restes de l'habitation de Catulle.
Si des auteurs anciens et modernes, en ont
parlé, personne n'en avoit encore publié le
plan. (2) Il étoit réservé au général La Combe-s. Michel, de nous le procurer. Connu
par ses talens administratifs, politiques , et
militaires , (3) ce General joint encore à
cette réunion râre , de belles qualités , un

***

(1) On a substitué le mot *maison* à celui de *cabane*, qui
paroit ne pas convenir.

(2) Cependant *Silvan Cataneo* qui a fait il y a plus de
100 ans , la description de la rivière de *Salò* , a dit que le
dessein de ce bâtiment tel qu'il existoit , se trouvoit dans
les archives du Roi de Naples.

(3) Le général LA COMBE-S. MICHEL , ancien militaire.
A été Représentant du peuple, puis Ambassadeur de la République à Naples, et il est aujourd'hui inspecteur général
d'artillerie.

goût décidé pour la littérature qu'il cultive avec succès. Il a composé dans ses loisirs, plusieurs morceaux de poésies fugitives, dans lesquels l'énergie, se trouve unie à l'aménité de style, et à cette douce philosophie qui donne la juste mesure de goût, qui convient à un homme d'Etat. Il lui appartenoit plus qu'à aucun autre, de rendre des hommages à l'un des poëtes les plus aimables de l'antiquité. Ce fut à l'occasion des opérations militaires du siège de *Peschiera*, et au moment où elles se terminèrent, que ce GENERAL se transporta dans la presqu'île de *Sermione*. (*) Il la parcourut toute entière, reconnut les ruines antiques qu'elle contenoit, fit faire plusieurs fouilles pour découvrir des portions de bâtisse enfouies dans la terre, visita les souterrains et retrouva l'alignement des anciens fondemens de la maison de CATULLE. Il en fit lever le plan par son aide de camp, le chef de bataillon *Melliny*. Cet officier rempli de talens, dessina en outre plusieurs points de vüe, d'après nature, tirés des

____

(*) Les 1 et 2 pluviôse An 9.

ruines de la maison de CATULLE. Les dessins qui en existent, sont faits de main de maître. (1)

Le général LA COMBE-St MICHEL, voulant célébrer d'une manière plus particulière, la mémoire du poëte latin qui avoit autrefois habité *Sermione* , donna sur les lieux mêmes , en l'honneur de CATULLE, une fête à laquelle présidèrent la gaieté, la musique , la poésie et la bonne chere. (2) Les généraux, les officiers Français et Polonais qui avoient assisté au siège de *Peschiera* y furent invités, ainsi que plusieurs habitans de *Sermione*, en autres, le poëte *Anelli* (3) et sa famille.

Pendant le repas qui fut donné en cette occasion , le général LA COMBE-S. MICHEL et le

---

(1) Le général LA COMBE-S. MICHEL, possède ces dessins et il se fait un plaisir de les communiquer aux amateurs de l'antiquité.

(2) Cette fête eut lieu le 2 pluviôse An 9, jour auquel, les Autrichiens évacuèrent à 7 heures du matin la forteresse de *Peschiera* ; ils avoient déjà évacués dès la veille, les retranchemens de *Sermione*

(3) Le citoyen *Anelli* est avantageusement connu dans la République des lettres. C'est le poëte italien qui approche le plus de *Métastase*. Il est nè et habite dans les mêmes lieux où CATULLE a vêcu ; il semble que cette circonstance ajoute à l'intérêt, que les talens du cit. *Anelli*, inspirent.

poëte *Anelli*, récitèrent et chantèrent tour à tour, des pièces de vers de leur composition. Ces différentes poésies, furent pour la plus part improvisées, ou composées dans la même journée. Les idées brillantes qu'elles contenoient et les beautés poétiques qu'elles offroient, me font infiniment regretter de n'avoir pu les recueillir toutes. Cependant j'ai été assez heureux, pour me procurer les trois pièces qui suivent. Je les joins ici, pour ajouter de l'intérêt à mes notes sur la maison de CATULLE.

Le général **L. C. S. M.** *débuta par chanter les complets de sa composition, qui suivent,*

I.

AUX MILITAIRES.

L'olivier qu'on renouvelle,
Vient arrêter votre zèle.
Plus de sanglante querelle.
Soyez grands, heureux guerriers,
Et sous le mirthe fidelles,
Déposez tous vos lauriers. (*bis*)

II.

AUX POLONAIS.

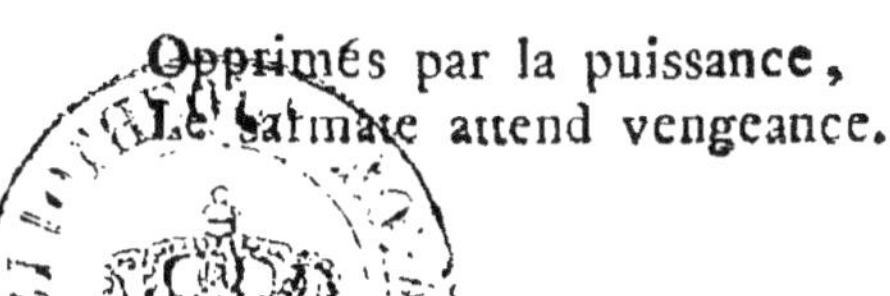

Opprimés par la puissance,
Le Sarmate attend vengeance.

Vous espériez que la France,
Réduiroit tous les tirans.
Il vous reste l'espérance,
Reposez vous sur le temps.

III.

A LESBIE.

A Lesbie en ce rivage,
CATULLE offrit pour hommage
Le moineau franc et volage,
Qu'elle sçut rendre constant.
La beauté modeste et sage,
Sçut toujours en faire autant.

IV.

AUX DAMES ANELLI SŒURS DU POETE.

Sur cette rive chérie,
Je vois plus d'une Lesbie.
Vous nommer la plus jolie,
Quel seroit mon grand embarras.
Admirons toute la vie ;
Mais ne nous décidons pas.

V.

AU POETE ANELLI.

Ce climat pur et fertile,
Fut habité par Virgile.
Son vers brillant et facile,
Fut cité dans tous les temps.

De son successeur habile,
Ecoutons les accens. ·

Pour répondre à cette invitation, le citoyen
Anelli, chanta les complets que je joins ici,
l'une de ses sœurs l'accompagnoit
en chantant.

I.

Lontan da noi gli affetti,
Che son del cor tiranni.
Guerra, perigli, affanni,
. Qui rammentar non vuò.
L' alma del buon Catullo,
Qui d'ogni cure sgombra,
Di questi olivi all' ombra,
Lesbia, di te cantò.

Coro.

Ogni guerriero audace,
Or che speriam la pace,
Sospenda a questi olivi,
L' alloro militar.
Pace bramata, ah vieni,
Co' raggi tuoi sereni,
La terra a consolar.

I I.

Là dove sorge adesso,
Silvestra, e steril erba,
Una magion superba (*).

***

(*) Les ruines de la maison de CATULLE, indiquent un
grand palais (voy. le plan p. 88.)

Vide l' antica età.
Ora il romano orgoglio,
Copre l' incolta arena,
E le ruine appena,
Serba di sua beltà.

    Coro.
        Ogni guerriero audace ec.

III.

Voi ch' emulate i vanti,
Della romana età,
Ecco l' umana gloria
Come a finir sen' và.
Sol dell' età non teme,
Sol vive oltre la vita,
Chi generosa aita
L' oppressa umanità.

    Coro.
        Ogni guerriero audace ec.

IV.

Ah! quest' amico lido,
Sacro al roman poeta,
Deh! più di guerra il grido,
Non venga a profanar.
Fiero guerrier germano,
Non porti più spavento,
Dov' ei solea contento,
Lesbia, di te cantar.

    Coro.
        Ogni guerriero audace ec.

V.

Eguale al vate antico ,
Ecco La-Combe (*) , o muse ,
Ch' è della patria amico ,
Ch' è della Francia onor.
Fra l' armi e fra la toga ,
S' alto il suo nome suona.
Offrile a lui , corona
D' olivi , mirti e allor.

Coro.
Ogni guerriero audace , ec.

Le général L. C. S. M. récita ensuite , les vers qui suivent. Il les avoit composés à Sermione même, Catulle sans doute les lui inspira.

Voilà donc la rive chérie ,
Où Catulle chantoit les vers ,
Qu'il composoit pour sa Lesbie.
Ce souvenir de sentimens divers ,
Pénètre mon ame attendrie ;
J'aime à voir cette tendre amie ,
Mettre bien au-dessus des hommages offerts
Par l'opulence et la folie ,
Le moineau , dont le sort devint digne d'envie.
Catulle n'eut que lui ; s'il eut eu l'univers ,
Il l'auroit mis au pied de sa Lesbie ;

(*) Voy. la note sur le général LA-COMBE S. MICHEL pag. 98.

14

Mais que vois je aujourd'huy? *Sermione* sort des fers.
Quel changement ? Le bruit des armes , (1)
En a fait fuir l'amour et les moineaux.
Ils ont déserté les coteaux ,
Trop habités par les allarmes.
Des hommes trop indifférens ,
Gardent cette île solitaire.
Montebaldo , *Benach* , (2) qui défiez les temps ,
Vos souvenirs ne frappent pas leurs sens.
Ils ignorent les noms d'*Horace* et de *Voltaire.*
Peuvent ils sentir les beautés ,
Que leur présente la nature ?
Ces torrens , ces monts escarpés ,
Dont l'audacieuse structure ,
Domine les flots argentés ,
De ce beau lac , dont les bords enchantés ,
Font voir l'éternelle verdure ,
Des arbres à *Minerve* autrefois consacrés.
Pour admirer leur brillante parure ,
Il faut une ame , encore plus que des sens.
Le doux chant des oiseaux, les beautés du printems,
Frappent l'oreille et les yeux éblouissent ;
Mais de l'astre du jour , les rayons bienfaisans ,
Ne sont jamais vraiment intéressans ,

---

(1) Dans le courant du mois de frimaire An 9 , les Autrichiens se retranchèrent dans la presqu'île de *Sermione*, qu'ils évacuèrent le premier pluviôse suivant.

(2) *Bénaco* étoit l'ancien nom du lac de *Garda*. Quelques auteurs ont avancé, qu'il existoit autrefois une ville de ce nom qui fut engloutie dans le lac *Maffei* dans son histoire de *Vérone*, regarde cette assertion comme une fable.

Qu'alors au cœur ils réflechissent.
Français qui voyagez, allez voir le *Sermion.*
Oh ! quels grands souvenirs y tracent la pensée.
L'œuil cherche, le cœur sent, bientôt l'ame opressée,
Se repose à l'aspect, de ce vaste horizon.
Du milieu de ce bois, je vois les champs d'*Arcole.*(1)
Les monts de *Lonato,* (2) fuyent vers le couchant.
Rivoli, (3) *Castillon,* (4) en vain le temps s'envole,
Je vois vos noms sacrès, sur son aile arrivant
   Au temple de mémoire,
    Où l' immortalité,
   Sur un faisceau de gloire,
Entrelasse à vos noms, le nom de BONAPARTE.
Ah ! fuyez loin d'ici, cohortes étrangères,
Allez porter vos fers et votre iniquité,
Loin du sol de la liberté.
L'esclave dans ces lieux, n'aura jamais de frères.
Oui ! les deux bords de la Mella,
Les rives du lac de *Garda,*
Sont bien encore le séjour du génie.
On y voit plus d'une Lesbie. (5)
On y voit de *Virgile,* un des vrais descendans (6)
J'ignore s'il feroit sa généalogie ;
Mais, s'il est héritier de sa philosophie,

(1, 2, 3, 4) Ces différens endroits, peu éloignés de *Sermione,* rappellent les batailles célèbres qui y furent livrées, l'an 4 et l'an 5. Elles suffiroient, pour immortaliser le héros qui y triompha.

(5) L'auteur de ces vers, fait allusion aux jolies femmes de *Sermione,* qui assistèrent à la fête de *Catulle.*

(6) Le citoyen ANELLI. *Voy.* la note sur ce poëte Italien, *page* 100.

S'il en a la génie autant que les talens ,
Qui pourroit lui nier d'être , un de ses enfans.

J'aurais voulu ajouter les vers, que le poëte *Anelli* récita et improvisa pendant le repas, mais je n'ai pu me les procurer.

On porta différents toasts analogues à la circonstance. J'en citerai ici les principaux :

A CATULLE, *habitant de* Sermione, (1) *le plus élégant de tous les poëtes latins. Dont les productions sont remplies de graces et d'enjouement.*

A la conservation des monumens anciens et modernes , des sciences et des beaux arts.

A la Paix, *elle fait fleurir les sciences , les beaux arts et le commerce.*

A BONAPARTE, *protecteur des sciences et des beaux arts. Il donna l'exemple d'honnorer les grands hommes et les savans , au milieu même des combats et dans le tumulte des armes. Il célébra* Virgile *à* Mantoue (2)

~~~~~~

(1) *Caïus , Valerius , Catulus ,* Poëte latin célébre , né l'An 674 de la fondation de *Rome ,* 50 ans avant J. C. , mort à *Rome* l'An 705, A. U. C.

Il nous reste de lui 177 petites pièces de vers qui presque toutes sont charmantes. Le style en est pur, mais les idées ne le sont pas toujours.

(2) Après que BONAPARTE se fut emparé de Mantoue, forteresse fameuse par sa résistance , il ordonna qu'on érigeroit un obélisque en l'honneur de *Virgile,* né aux environs de cette ville à *Piétola.* Il fit plus , il exempta de contributions de guerre , les habitans de ce village, et voulut qu'ils fussent indemnisés des pertes, que la guerre avoit pu leur occasionner.
~~~~~~

et rendit ses hommages à CATULLE *, en visitant la presqu'île de* Sermione. (1)

Au général en chef BRUNE *, protecteur des sciences et des beaux arts. Dans toutes les occasions, il favorisa les savans en Italie.*

Au général MIOLLIS *, (2) protecteur des sciences et des beaux arts en Italie.*

Au général LA COMBE-S. MICHEL *, protecteur des sciences et des beaux arts. Il a fait plus, il cultive lui-même les belles lettres* (3) *et il honore à* Sermione *, la mémoire du poëte* CATULLE.

Au poëte Anelli. (4) *Comme* CATULLE *, il habite les rives du lac de* Garda; *et par ses talens, il est l'émule de ce poëte célébre.*

La mémoire de CATULLE, près de deux-mille ans après sa mort, ne fut pas inutile à son pays. Les habitans de *Sermione* moderne, virent au milieu

----

(1) Vers la fin de l'an 5, lorsque BONAPARTE se rendit de *Milan* à *Perseriano*, pour y traiter la paix de *Campoformio*. Il se détourna, en passant entre *Brescia* et *Peschiera*, pour aller visiter la presqu'île de Sermione.

(2) Le général de division MIOLLIS, a toujours montré une grande inclination pour les belles lettres. C'est lui qui mit à exécution les ordres de BONAPARTE, en faisant élever à *Piétola*, au milieu d'un bosquet de chènes, de mirthes et de lauriers, le monument qui devoit honorer *Virgile*. Il mit en cette circonstance, tout le zèle et le goût, que lui inspiroit son amour constant pour les sciences et les beaux arts.

(3) Voy. à la pag. 98.

(4) Voy. la note sur ce poëte, pag. 100.

de la fête, que nous donnions en l'honneur de CATUILE, exposer aux Généraux, combien il leur étcit à charge de nourrir le détachement de nos troupes, qui venoit de remplacer la garnison Autrichienne, ils firent connoître en outre, les dégats qu'ils venoient d'essuyer de la part de quelques uns de nos soldats.

Le général CHASSELOUP, commandant supérieur des troupes, reçut avec la plus grande cordialité, les députés de *Sermione*. Il leur accorda l'effet de leur demande, en faisant expédier sur le champ et devant eux, par le chef de son Etat Major, l'ordre de faire partir de suite les troupes qui étoient stationnées dans cette commune. Il voulut encore, que les dégats fussent estimés et que les habitans qui les avoient éprouvés en fussent indemnisés.

Ces actes de bienfaisance, furent payés par les témoignages de la plus vive reconnoissance. Les habitans de la campagne sont démonstratifs. Ils manifestent au dehors d'une manière plus sensible, les épanchemens de leur amitié. Il auroit été difficile de ne pas partager l'émotion qu'ils éprouvoient. C'étoit un spectacle touchant, de voir nos militaires de tout grade, fraterniser avec ces braves gens. Nous nous quittâmes tous, en nous adressant mutuellement, des vœux sincères et réciproques.

TABLE

Plan, de la place et du siège de *Peschiera* . . . . *Page* 1

Plan, de la presqu'île et de l'attaque des retranchemens de *Sermione* 2

Journal historique, du siège de *Peschiera*, et de l'attaque des retranchemens de *Sermione* 3

Notes, sur le *Mincio* 69

Etat de situation général, des troupes du siége de *Peschiera* 74

Recueil des pièces jointes au Journal historique, du siège de *Peschiera* 75

Armistice, conclue à Trevise le 26 nivose An. IX. (16. janv. 1801, v. s.) entre le Général en chef *Brune*, commandant l'armée française en Italie; et M.r le Général *Bellegarde*, commandant en chef l'armée Autrichienne 81

Plan de la maison de campagne de CATULLE 88

Notes, sur la maison de campagne de CATULLE 89

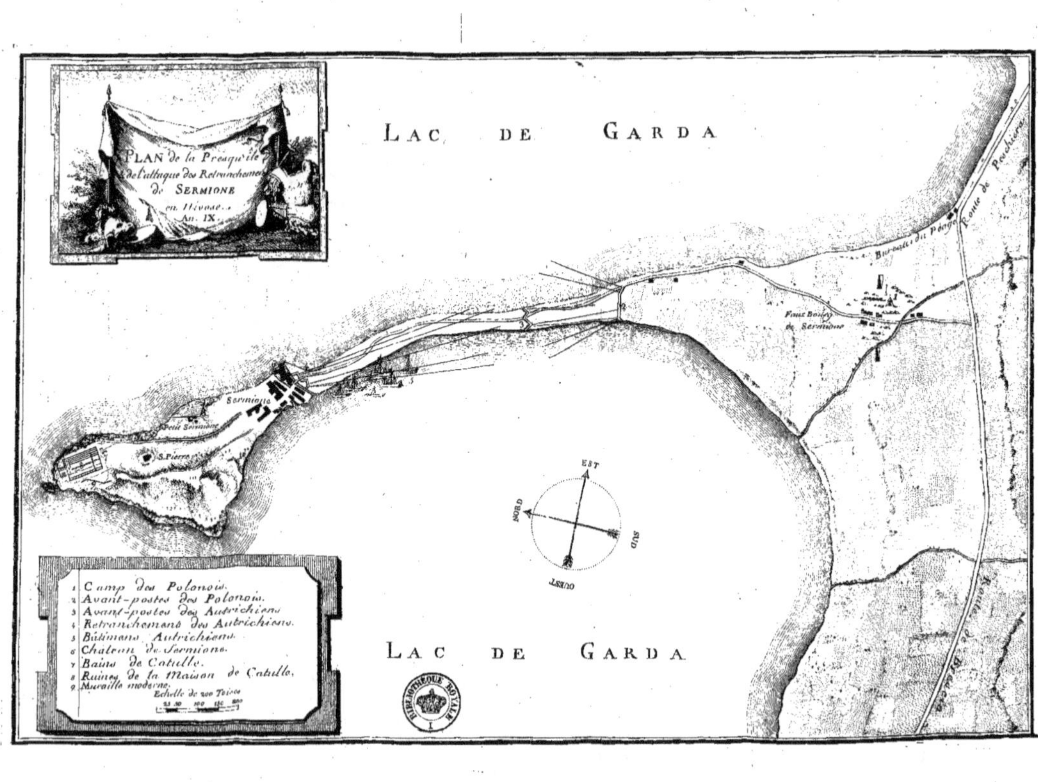

PLAN de la Presqu'île
& de l'attaque des Retranchemens
de SERMIONE
en Nivose.
An. IX.
LAC DE GARDA
LAC DE GARDA
Sermione
Petit Sermione
S. Pierre
Faux Bourg de Sermione
Bureau du Péage
Route de Pechiera
NORD
EST
SUD
OUEST
1. Camp des Polonois.
2. Avant-postes des Polonois.
3. Avant-postes des Autrichiens.
4. Retranchemans des Autrichiens.
5. Bâtimens Autrichiens.
6. Château de Sermione.
7. Bains de Catulle.
8. Ruines de la Maison de Catulle.
9. Muraille moderne.
Echelle de 200 Toises
25 50 100 150 200
RÉPUBLIQUE ROYALE

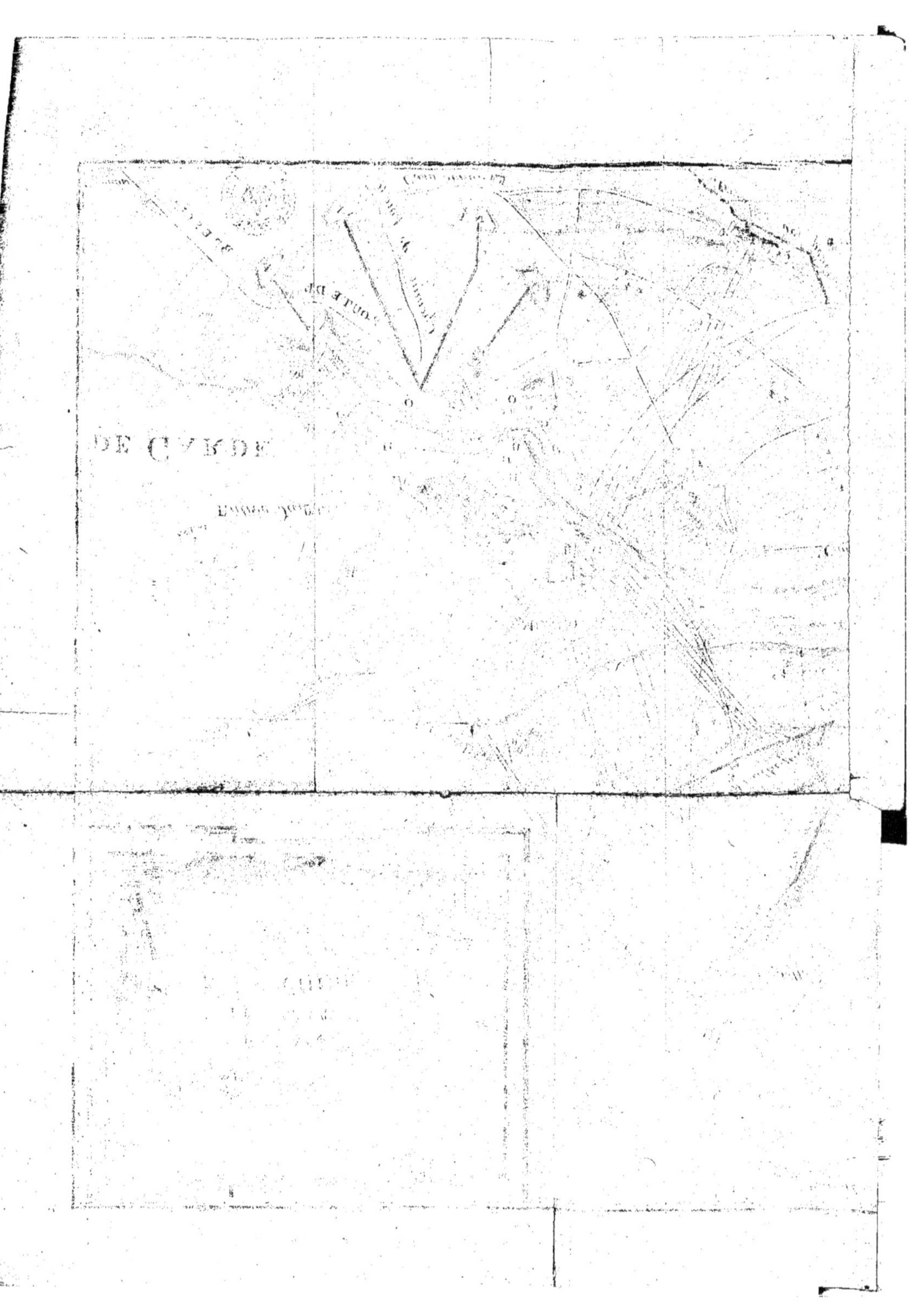
DE GARDE

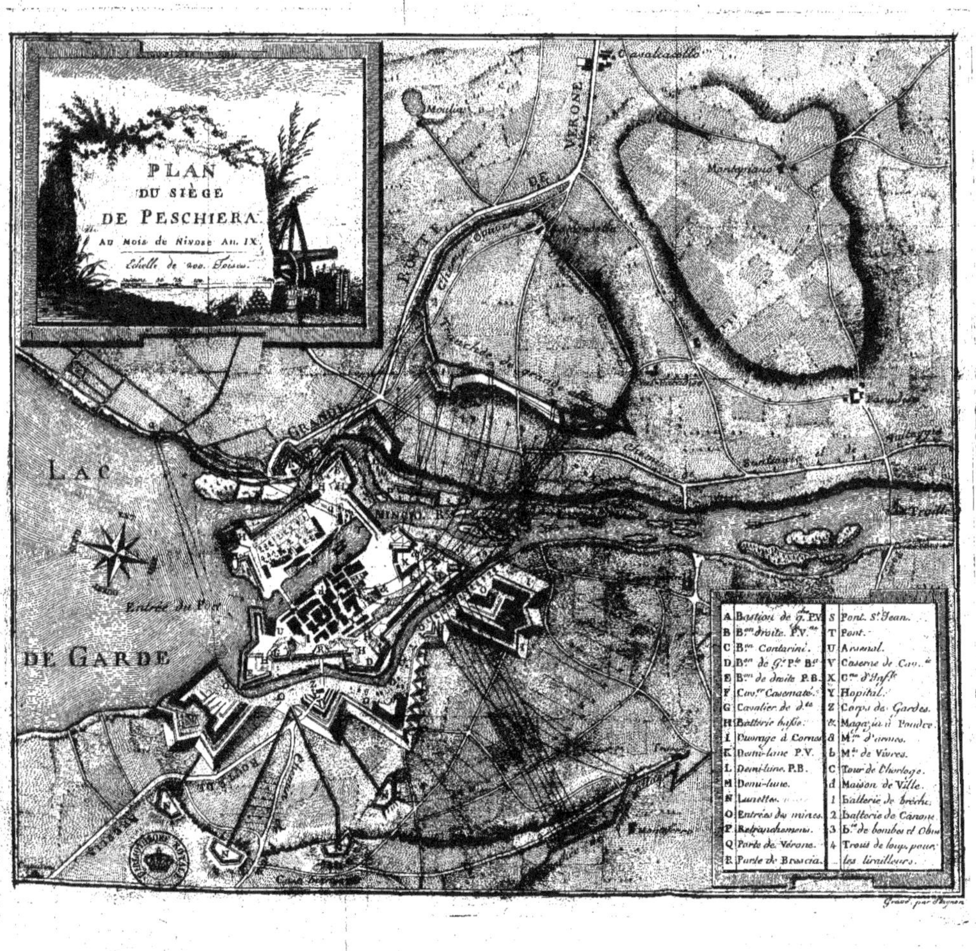

PLAN
DU SIÈGE
DE PESCHIERA.
AU MOIS DE NIVOSE AN. IX.
Echelle de 200. Toises.
LAC
DE GARDE
Entrée du Port
A Bastion de G.e P.V.
B B.on droite. P.V.ne
C B.on Contarini.
D B.on de G.e P.te B.a
E B.on de droite P.B.
F Cav.er Casematé.
G Cavalier de d.te
H Batterie basse.
I Ouvrage à Cornes.
K Demi-lune P.V.
L Demi-lune. P.B.
M Demi-lune.
N Lunettes.
O Entrées des mines.
P Retranchemens.
Q Porte de Vérone.
R Porte de Brescia.
S Pont. S.t Jean.
T Pont.
U Arsenal.
V Caserne de Cav.ie
X C.on d'Etat.
Y Hopital.
Z Corps de Gardes.
& Magazin à Poudre.
a M.on d'armes.
b M.on de Vivres.
C Tour de l'horloge.
d Maison de Ville.
1 Batterie de brèche.
2 Batterie de Canons.
3 B.ie de bombes et Obus.
4 Trous de loup pour les tirailleurs.
Gravé par Stegnon

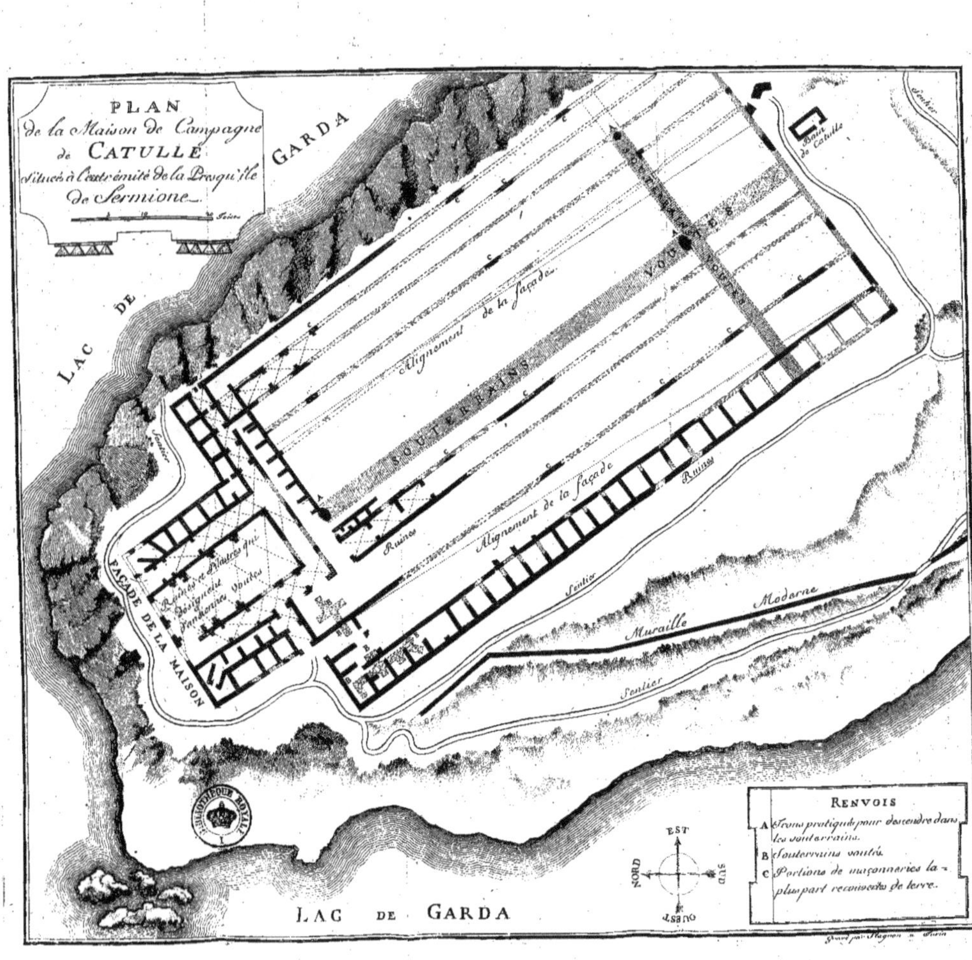

PLAN
de la Maison de Campagne
de CATULLE
situés à l'extrémité de la Presqu'île
de Sermione
LAC DE GARDA
Alignement de la façade
SOUTERRAINS
VOUTES
Ruines
Alignement de la façade
Ruines
Ruines et Plates qui
designent l'ancienne
fondation des Voûtes
FAÇADE DE LA MAISON
Sentier
Sentier
Muraille
Moderne
Sentier
Bain de Catulle
LAC DE GARDA
EST
NORD
SUD
OUEST
RENVOIS
A Trous pratiqués pour descendre dans
les souterrains.
B Souterrains voûtés.
C Portions de maçonneries la
plupart recouvertes de terre.
Gravé par Stagnon à Turin